-시와 에세이-
다시, 삶의 길목에 서서

김 창 식 지음

북트리

-시와 에세이-
다시, 삶의 길목에 서서

김 창 식 지음

북트리

〈프롤로그〉
어떻게 내 자아의 한계를 극복할 수 있을까

　어떻게 사는 것이 삶의 질을 높이는 것일까? 이 물음에 어느 누구도 명확한 정의를 내리지는 못합니다. 사람마다 성품이 다르고 생활환경이 다르고 인생관이 다르기 때문일 것입니다. 그러니 삶을 대하는 태도가 각각 다를 수밖에 없습니다. 삶의 방식에 대하여 누가 아무리 아름답고 공감되는 말을 하더라도 그때뿐, 그 말은 얼마 못 가서 연기와 같이 사라지기 일쑤입니다. 결국 사람들은 자신이 꾸며놓은 생활방식대로 살아가기 마련입니다.
　그런데 오랫동안 그렇게 익숙해진 방식대로 살다 보면 무미건조해지기 쉽습니다. 「사람은 평범한 일상에서 귀한 것을 발견하고 거기서 행복감을 찾을 수 있다」라고 말합니다. 귀담아들을 명언입니다. 그렇지만 나의 견해는, 비범하다고 말할 수는 없지만 감당할 수 있는 만큼의 새로움에 대한 도전은 또 다른 자존감을 얻을 수 있는 여지를 발견하지 않을까, 피력해 봅니다. 길지 않은 인생을,

평범한 일상에 맡기며 살기에는 어딘가 모르게 아깝고 더 허무감에 사로잡힐 것 같아서입니다.

'토마스 힐란 에릭센' 교수(노르웨이 오슬로국립대학교 사회인류학)는 『만약 우리가 천국에 산다면 행복할 수 있을까?』라는 그의 저서에서 행복을 찾아볼 수 있는 몇 가지 길을 안내하고 있습니다. 그 중에는 "조금 어려운 듯한 일에 도전해 성취감을 얻을 것"이라는 글이 있습니다. 나는 이글을 '지나온 익숙한 삶의 길을 간혹 낯설게 돌아보라'는 의미로 나름 해석해 보았습니다.

나는 이미 익숙해진 삶의 방향에서 낯설게 살아가는 길을 시도했습니다. 그 길은 '한 권의 책을 쓰는 일입니다' 글쓰기는 삶을 되자인하는 데 효과적인 방법이며, 삶의 질과 자존감을 올리는 데 조금은 보탬이 될는지도 모른다고 생각하기 때문입니다.

책은 사람과 사람과의 관계를 이어주는 긍정적 의미가 있다고 합니다. 그 안에 있는 글을 통해서 다른 사람의 생각과 내가 경험하지 못한 또 다른 삶을 만날 수 있기 때문이 아닌가 생각합니다. 그렇다면 내 자아의 한계를 어느 정도 극복할 수 있는데 도움이 될 수 있을 것입니다.

이 책을 낼 즈음에 『논어 학이편』에 "人不知而不慍 不亦君子乎

(인부지이불온 불역군자호)"라는 글을 읽었습니다. '남이 알아주지 않더라도, 화내지 않는다면 군자君子라 할 수 있지 않은가'라는 뜻입니다. 이는 '자신의 가치를 남의 평가에 의존하지 않고, 내적 성찰을 통해 성장하는 태도'로 의미를 적용해 볼 수 있겠습니다.

사실 나는 나의 글이 투박함을 인식하기에 남의 평가를 의식하지 않을 수 없었습니다. 그러나 용기 내어 이 책을 내놓습니다.

혹시 지나온 삶을 추억하며 다시 현재의 삶을 찬찬히 가다듬고 싶으신 분들께는 이 작은 책이 약간의 미소라도 되면 좋겠습니다.

5월 어느 푸르른 봄날에

차례

〈프롤로그〉
어떻게 내 자아의 한계를 극복할 수 있을까   4

1부 다시, 삶의 길목에 서서

여행 가방   15
혼자 있어도 혼자일 수 없습니다   21
인연   30
너무와 전혀 사이   39
여보, 이제 그만 집에 가자   45
이장移葬   50
클래식 음악, 봄 여름 가을 겨울   56

고향 해변	63
반려화초	69
꽃은 다 이뻐야	80
모과나무	85
평사리 최참판댁 가는 길	90
보수동 헌책방 골목	94
내 가슴에 향기로 남아 있는 여인	101
재봉틀 -사모곡1	111
보수동 고갯길 -사모곡2	117
세월이 잠깐이다 -사모곡3	122
다시, 삶의 길목에 서서	128
불의에 침묵하지 않았던 두 인물 - 아우슈비츠 수용소 단상斷想 -	139
나는 아직도 베데스다 연못가를 서성이고 있는가	149

2부 평화로움과 분주함과 쓸쓸함이 함께 있는 삶

영영 타지 않고 남고 싶은 시심詩心　　　　　161
　-고영민 시 읽기 「철심」

청결한 마음의 원천지　　　　　　　　　　　166
　-윤동주 시 읽기 「투르게네프의 언덕」

죽은 다음에 영혼은　　　　　　　　　　　　171
　-황인숙 시 읽기 「저 구름 흘러가는 곳」

평화로움과 분주함과 쓸쓸함이 함께 있는 삶　176
　-권혁웅 시 읽기 「도봉근린공원」

유품은 여전히 슬픔과 그리움을 남기고　　　182
　-이정록 시 읽기 「붉은풍금새」

이미 와버린 날들을 위하여　　　　　　　　189
　-고영민 시 읽기 「중년中年」

그만이 표현할 수 있는 애절한 신앙 고백　　195
　-윤동주 시 읽기 「십자가」

실존적 고뇌와 자아를 성찰하는 영혼의 음성　　201
　-김남조 시 읽기「저무는 날에」

복잡한 진실보다는 쉬운 환상에 몸을 맡긴다　　209
　-귀스타브 르 봉의『군중심리』읽기

〈에필로그〉
오마지 않은 글머리를 기다리며　　220

1부

다시, 삶의 길목에 서서

- 시와 에세이 -

그렇다. 삶에는 괴로움과 즐거움, 외로움과 기쁨이 서로 붙어 있다. 예고 없이 서로 교차하면서 나타난다. 때로는 헤어나기 힘든 우울증에 빠져 있다가 가까스로 헤어나기도 한다. 삶에는 슬럼프라는 웅덩이가 존재하기 때문이다. 이런 아이러니가 있음을 염두에 둔다면 조금은 강해지지 않을까.

- 본문 중에서

여행 가방

이거 넣을까
좋아, 필요할지도 모르지
내 일상이 가방 안으로 들어간다

그러면 이건
오! 이건 꼭 필요하지
그러면 이건
이것도 꼭 필요하지
어느새, 가방은 배가 부르다
숨이 가쁘다, 일어나 앉아 있기 힘들다

불뚝 가방은 숨을 헐떡이며
간신히 내 손을 잡는다

머지않아 이것들이 비워지는 날
그 기억도 흐릿하게 지워질 것이다
반드시 그렇게 되어 질 것을

그날에
아직,
내 여명餘命은 무엇으로 채울까.

몇 년 전부터 미루었던 그리스 여행 날이 며칠 남지 않았다. 여행지에서 필요한 물건들을 미리 챙긴다. 간편하게 떠나는 게 좋다는 것은 알지만 이것저것 챙기다 보니 가방이 부풀어 오른다. 다시 가방을 펼쳐 본다. 있으면 좋고, 없어도 그만인걸, 이건 덜어낸다. 미리 적어 두었던 목록을 본다. 덜어 놓았던 물건들 몇 개를 다시 가방에 집어넣는다. 여행지에서 필요할지 모른다는 생각이 우선이기에 무거움을 견딘다. 해외여행을 갈 때마다 그렇게 된다. 그렇게 점검하고 마음 준비를 끝냈다 하더라도 막상 떠나는 날은 또다시 모험하는 기분과 호기심을 안고 공항으로 향한다.

흔히, 인생을 여행에 비유하기도 한다. 삶, 그 자체가 여행이라면 그 여정은 반드시 시작과 끝이 있지만 진정한 여행의 가치는, 그 길을 걸어가면서 깨닫게 되는 순간들이 있다. 그 순간들에 남겨 있는 의미를 발견하는 것이다.

또 한 편으로는 들은 것을 확인하는 행위다. 그 행위는 호기심에서 나온다. 들었던 것이 맞는지 그 장소에 가서 직접 눈으로 확인하는 것이므로 여행은 산지식이요, 산 경험이라고 말할 수 있다. 그 지식과 경험은 우리의 삶을 폭 넓게 하는 밑천이 될 뿐만 아니라, 우리의 모든 사고력에도 도움이 될 수 있겠다고 생각한다. 이 때문에 삶도 여행도 열정을 필요로 한다.

> 낯선 나라 호텔 방이다/내가 들고 온 가방 하나가/유일한 나의 알리바이 나의 혈육이다/ …… /혼자 싹을 틔우려는 나무처럼 가방이 꿈틀거린다/ …… /머잖아 구겨진 빨랫감 같은 공허들을 토해 놓고/빈 가방이 되어/흐린 기억 속으로 사라질 한 시인을 바라본다
>
> - 문정희, 「여행 가방」 부분

시인은 아무도 자신을 알아보지 못하는 여행지에서 가방은 나를 증명하는 유일한 존재다. 그 가방 안에는 나를 움직일 수 있게 하는 일상의 물건들이 들어있다. 머잖아 여행은 이 물건들과 함께 추억을 안고 돌아온다. 그러나 그 추억은 빈 가방같이 공허한 기억이 되어 잊혀 질 것임을 안다. 그럼에도 시인은 "진부한 안정과 지루한 소비적 삶에서 빠져나오기 위해, 그리고 모험과 호기심과 새로움에 대한 열정으로 살아가기 위해 여행길에 오른다."고 한다. 여행은 열정적인 삶을 위한 수단임을 표현하고 있다.

나의 여행도 그렇다. 그런데 한편 나는 여행지에서도 종종 지나온

---

* 문정희, 『살아 있다는 것은』, 생각 속의 집, 2014.

내 일상이 되살아나곤 한다. 그런 생각의 시간을 별도로 가지려고 해서가 아니다. 낯선 풍경과 무수히 지나가는 낯선 사람들의 표정을 호기심으로 바라보면서도 나도 모르게 순간적으로 잠시 생각에 잠기곤 한다. 좋았던 추억도, 힘들었던 추억도 그 낯섦에서 살포시 나타난다. 잠깐이지만 내 지난 날들의 말들이 튀어나온다. 그때 내가 왜 그런 말을 했을까. 좀 더 근사한 말이 있었을 텐데, 정제된 유익한 말은 없었을까. 침묵했으면 더 좋았을걸, 하지 말아야 했을 무수한 말들이 생각나면서 자책하곤 한다. 그리고 또다시 다짐한다.

여행은 '자아를 찾는 길'이 될 수 있다는 말에 공감이 간다. 나 자신의 모습이 어느 때보다 잘 보이기 때문이다.

그리스 산토리니섬의 새파란 지붕과 새하얀 담벼락!
그 집들 사이를 거닐면서 낯섦과 호기심을 확인하는 열정!
내 육신은 그런 열정으로 채워지고 비우기를 반복할 것이다.
그러나 언젠가, 그 열정이 멈추는 그날에,
아직 내 여명餘命은 무엇으로 채울까!

"세상의 모든 불행은 홀로 조용하게 자신의 방에 앉아 있지 못하는 데서 비롯된다."

- 블레즈 파스칼 Blaise Pascal

혼자 있어도 혼자일 수 없습니다

혼자 책상에 앉아 있습니다
그런데 이미 낯선 얼굴이 낯선 말들이
낯익은 얼굴과 낯익은 말들 사이에
앉아 있습니다
혼자 있어도 혼자가 아닙니다

혼자 고개를 끄덕이다가 흔들다가
웃다가 중얼중얼 욕지거리 합니다
혼자 있어도 혼자가 아닙니다

어느 날은 미소 띤 얼굴이 다가와서는
기쁨과 안도의 말들을 안겨주기는 합니다

오늘도 네모난 자그마한 녀석이
먼저 책상에 앉아 있습니다
혼자 있어도 혼자일 수 없습니다.

나는 요즈음 신문, TV, 휴대폰 등 소셜 미디어에서 흘러나오는 각종 이슈를 보고 듣는 시간이 많아졌다. 예전에 나는 이렇지 않았다. 이전에는 웬만한 이슈가 나왔더라도 나와는 무슨 상관이랴, 그것이 나에게 무슨 영향을 미치랴, 그렇게 생각하며 그냥 가볍게 지나쳤다. 실제로 그렇게 들썩이던 이슈들은 며칠 못 가서 사라졌다. 나중에 세월이 지나서 그때의 이슈들이 재창출되어도 별로 큰 주목을 받지 못하는 게 대부분이었다. 자연적으로 관심에서 멀어지곤 했던 것이다.

그러나 최근 몇 년 전부터는 그렇지 않았다. 과거의 사회적 이슈들이 오늘의 이슈와 연결되면서 이전보다 더 소란스러움이 증폭되고 있다. 언론사 등 소셜 미디어 매체들은 연일 중구난방衆口難防 자신들이 주장하는 바를 앞다투어 보도한다. 생각과 이념이 같지 않은 이들을 향하여 비판을 넘어 노골적으로 비난한다. 당신은 누구 편인가? 당신은 어디에 서 있는가? 선택하기를 강압적으로 묻는 투다. 누구를 비난하고 증오해야 할지를 알려 주고 있다. 거기에 동요된 수많은 사람 중에 일부는 거리로 몰려 나가고, 반대자들에 대한 날 선 공방은 편 가르기로 증폭되고 있는 것이다.

이러한 사회적 분위기는 나로 하여금 예전의 무신경이나 초월적 사고나, 오불관언吾不關焉 하는 자세로는 살아갈 수 없게 만들었다.

주요 관점으로 대두되는 인권이니, 공정이니, 평등이니, 정의니, 개혁이니, 권리와 자유니 등등의 관념적 언어가 누구에게 혹은 어느 집단에 더 해당하는지 판별하는 데 시간이 소모된다. 이러한 생각은 반드시 필요한가? 나의 판별은 옳은가? 혼란스럽다. 이는 내가 이러한 상황을 어떻게 어떤 방향으로 정립하고 설득력 있게 해두는 것이 현명한지 가늠하기 어렵기 때문이다.

언젠가 한 방송사의 TV프로에서 휴대폰은 물론 일체의 소셜 네트워크와 단절하고, 생활하기 프로그램을 방영한 적이 있었다.

참여자는 성별, 연령별, 직업별 등을 균등히 배분하여 일주일간 일정한 공간에서 함께 생활하는 프로그램이었다. 체험 기간이 끝난 후 그 일주일간의 느낌을 말하게 하였다. 각자 느끼는 차이는 있었지만 대체로 두 부류로 구분할 수 있었다.

한 참여자는 "일주일 동안 바깥세상이 매우 궁금했다. 특히 이 일 저 일 자신과 관계되는 사람들과 소통 할 수 없는 점이 가장 힘들었다. 마치 자신이 무인도에 홀로 서 있는 기분 같아서 불안감을 느꼈다"라고 했다. 또 다른 참여자는 "일시적이나마 잡다한 소식을 듣지 않으니, 오랜만에 조용한 시간을 가졌다. 물론 처음 이틀간은 측근들과 일에 대해 궁금 갑갑했던 게 사실이었지만 이 고비를 넘기니 안정감이 찾아왔다. 이 안정감은 나를 찬찬히 돌아 볼 수 있게 하는 의미 있는 시간이었다."라고 말했다.

내가 이 프로그램에 참여했더라면 어떤 체험자이었을까? 전자에 속한 사람이었을까? 후자에 속한 사람이었을까? 지금의 정서로 생각해 보면 전자에 속한 사람이었을 것 같다.

나는 지금 SNS상에서 매일 쏟아져 나오는 수많은 소리에 지나치게 몰입되어 있는 게 아닐까? 알고리즘에 의하여 주입된 수많은 정보가 사실적 객관적 확인 과정 없이 떠돌아다니고 있다는 사실을 어느 정도는 알고 있다.

수많은 선한 긍정적 댓글 속에 단 하나의 악플만 있어도 그 대상자는 나락으로 떨어진다. 불행하게도 인간은 태생적으로 '부정 편향'이 있기 때문이라고 한다. 상대편에 대한 객관적 이해심이 손톱만큼도 남아 있지 않은 그 '부정 편향'이 나에게도 자동되고 있지는 않는가. 어느새 확증 편향적 사고자思考者가 된 것은 아닐까?

작가 이응준은 "스마트폰으로 동영상을 보든 활자를 읽든 간에 그것은 도파민 중독으로 이어지기 십상이고 뇌는 몸과 자존감에서 유리된 채 '공회전'하며 몰락해 간다. 무엇보다, 도파민으로 전달된 쾌락은 고통과 허무로 전환된다. 역설적이게도, 부패하지 않는 쾌락은 보람된 고통에서 얻어지는 것이다."라고 말한다. 종이책 읽기를 적극 권하면서 하는 말이지만 참으로 우리 사회의 일상을 적나라하게 포착하고 있다.

사회 분위기는 점점 불신과 갈등 그리고 분열이 심화되고 있다. 쉽게 가라앉을 것 같지 않다. 여태 살아왔던 그 어느 때보다 그 정도가 심하고 지속적이다. 이러한 때에 나는 어떻게 사고하며 살아야 할까? 과연 나의 지적 수준은 어느 정도에 머물러 있을까? 순간적으로 어떤 생각이 스쳐 지나가는 느낌을 받곤 한다.

오래전에 가짜 휘발유가 성행했던 시기가 있었다. 그런데 이 가짜 휘발유를 만들 때 가장 많이 들어가는 것은 진짜 휘발유라고 한다. 그래서 쉽게 진짜와 가짜를 구별하기 어렵다고 한다. 지금의 소셜 미디어 정보가 이와 유사해 보인다. 넘쳐나는 정보에 가짜 정보가 살짝 가미된 어떤 편향된 사고(정보)가 진짜처럼 힘차게 떠돌아다닌다.

화려한 언변으로 대중들에게 인기를 얻기에, 구별해내기 쉽지 않다. 그런 정보를 확신하면서 말하고 행동하는 사람들이 주위에 흔하게 보인다. '폴 발레리'의 말이 생각난다. "생각하는 대로 살지

---

* 이응준, 이응준의 포스트잇(30), 조선일보, 2024. 6. 25.

않으면, 사는 대로 생각하게 된다."라는 말처럼, 한심한 인간이 되어서는 안 되겠다고 다짐해 본다. 그러면 어떻게 해야 할까?

앞서 TV 프로그램 참여자와 같이 일정 기간 동안 모든 소셜 미디어 같은 매체와 단절해 보는 시간을 가져보면 어떨까? 내 생각의 키를 붙잡아서 좌지우지하려는 외부의 매체들을 잠시만이라도 차단해 보는 것이다. 그게 가능할까?

'인간은 사회적 동물이다.' 아주 오래전에 아리스토텔레스(BC384~322)가 한 말이다. 지금까지도 반론의 여지가 없는 논리다. 그러나 사람은 때로는 어디에도 예속되지 않고 혼자 있는 시간도 필요하다고 생각해 본다. 혼란스러운 분위기 속에서도 조금은 심리적 여유를 찾을 수 있는 여지가 생기지 않을까 해서다. 그 시간이야말로 나 자신의 습관적인 편견과 오류들을 찬찬히 들여다보고 비판적으로 성찰해 볼 수 있는 시간이 기대되기 때문이다.

메이지대학 사이토 다가시 교수*는 그러한 시간은 '혼자 있는 시간'을 통해서 얻을 수 있다고 제안한다. 그 시간은 "어떤 폐쇄된 공

---

* 사이토 다가시 『혼자 있는 시간의 힘』 ㈜위즈덤하우스, 2015.

간이나, 사람과의 단절을 의미하는 것만은 아니다. 혼자 있는 시간을 잘 보낸다는 것은 자신의 세계에 침잠하여 자아를 확립한 후에 다른 사람들과 유연하게 관계를 맺고 감정을 자유롭게 교환할 수 있는 상태를 말한다."라고 하였다.

이는 지금 내가 겪고 있는 혼란스러운 시대 상황에 대한 심리적 갈등과 그 부담감을 조금이나마 해소하는데 하나의 방법일 수도 있겠다고 생각했다.

우리는 일상에서 각양 각층의 여러 사람들과 만나고 연대하며 살아가기에 별로 외롭지 않을 수 있다. 그러나 자신에게 어떤 결정적인 순간에서는 혼자인 것을 깨닫게 된다. 우리의 삶이 대체적으로 그렇기 때문이다. 그러기에 사이토 다가시 교수가 말하는 '혼자 있는 시간의 힘'은 이 시대를 살아가는 우리 모두에게 필요할 것 같다.

그러한데 휴대폰이 내 손안에 있는 한, '혼자 있어도 혼자가 아니다.' 아니 '혼자 있어도 혼자일 수 없다'

디지털 디톡스(digital detox)를 권장하는 학자들의 말에 공감이 간다.

可與言而不與之言 失人 (가여언이불여지언이면 실인이요)
 (이야기를 나눌 가치를 지닌 사람을 만났음에도 말 한마디 걸지 못했다면, 모처럼 멋진 친구를 얻을 수 있는 기회를 스스로 놓친 것과 다름없다.)

 - 좋은 인연은 노력으로 얻어진다 : 사람과 사람 사이의 인연은 먼저 노력하지 않으면 얻을 수 없다.

- 논어 제15, 위령공편

인연

인연은 흐르는 강물처럼 어디쯤에서
만났다가 또 헤어지고
거친 바위 밑에서 부딪쳐 거품 나고
매끈한 자갈밭 위에서 재잘재잘 합창한다
때로는 거친 선율, 때로는 잔잔한 하모니
인연은 흐르는 것

어느 날 호숫가에 한데 모여
얼굴 맞대며 반짝인다
그러다 낮은 모퉁이에 이르면 서로 밀쳐내고
흘러내리다 또 헤어진다
인연은 흐르는 것

그래도 인연은,

삶의 여정을 이어주는 보이지 않는 끈

때로는 성찰과 사색, 그 깊은 흔적을 안긴다

그래서,

인연은 삶의 모든 것.

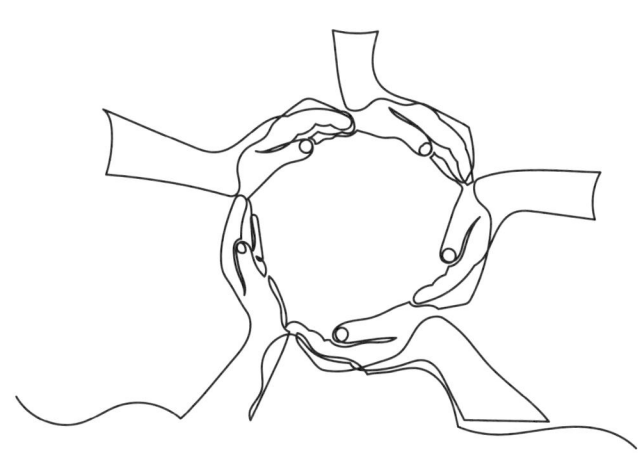

불가에서는 인연因緣을 인因과 연緣을 구분해서 의미를 두고 있다. 인因은 사람의 능력으로는 어떻게 할 수 없는 원인이나 조건이고, 연緣은 거기서 비롯되어 변화하는 과정을 말한다. 그러기에 "지나가다가 옷깃만 스쳐도 인연이다."라고 예를 든 것은 아닐까. 세상에 그 많은 사람들이 정해진 시간, 특정 장소에서 무슨 일로 지나다가 옷깃을 스치게 되는 것일까? 정말 옷깃 하나 스치는 것도 반드시 원인이 있는 걸까? 사소한 일 같지만 삶의 모든 과정이 인연이며 그 의미는 깊다는 것을 나타내고자 함일 것이다.

영어에서 인연을 몇 가지 단어로 표현하고 있는데 그중에 "cause and occasion"이라는 단어가 있다. 이 또한 원인이라는 의미가 담겨 있다. 다분히 불교적 표현과 상통하는 면이 있다.

분명히 모든 사람은 인연으로 태어나서 인연으로 살아간다. '나'라는 존재가 없었을 때 부모의 만남의 인연으로 내가 생겨났고 형제가 생겼고 친척이 생겼다. 끊을 수 없는 인연들이 연결되어 있다.

결국 인연은 운명적인 의미가 담겨 있는 동시에 "삶의 여정을 이어주는 보이지 않는 끈"이며, 삶을 형성하는 전부라고 볼 수 있다.

나에게는 내 인생행로를 통째로 바꾸어 놓은, 잊을 수 없는 인연이 있다. 그것은 부산대학교 의대 'L' 교수와의 만남이다. 이 인연은 오랜 세월 부산에서 생활을 접고, 서울에서 생활을 시작하게 만들었다.

나는 부산이 태어난 곳은 아니지만 다섯 살부터 줄곧 거기서 살았다. 그곳에서 유년기와 청소년기, 청년기를 보내면서 학교를 다녔고, 친구를 만났고, 잔뼈가 굵었다. 내 생애 남은 세월도 계속 부산에서 살 것이라고 생각했다. 그곳에는 친척이 있고, 동창생이 있고, 함께 자라던 친구와 어울릴 교우가 있었다.

지척에 있는 바닷가에는 짠 내는 나지만 풍취가 있고, 언제나 싱싱한 생선을 구경할 수 있는 자갈치 시장이 있다. 그 혼잡한 거리, 리어카에서 파는 삶은 고래 고기 맛은 느끼하지만, 또 다른 미각을 자극했다. 사춘기에는 들뜬 기분으로 촐랑거리며 걷던 남포동과 광복동거리가 있다. 그 길 건너편에 있는 우남공원(현, 용두산 공원)에 올라 부산항을 내려다보면 그곳에는 언제나 많은 배들이 고동 소리를 내며 쉴 새 없이 들락거렸다. 그 광경을 보면서 막연한 미래를 상상하곤 하였다. 하루에 두 번씩 올리고 내리는 도개식跳開式 영도다리, 공중으로 올라갔던 다리가 내려올 때까지 많은 사람들 틈에 서서 기다리던 나는 그곳을 조금은 불편한 낭만으로 기억하고 있다.

그리고 청소년 시절 찢어지게 가난했던 영도 달동네 판잣집 생활, 이 동네를 언제쯤 벗어날 수 있을까. 기약 없는 나날을 보내야 했던 그때를 회상하면, 그것은 오히려 내 인생에 있어서 셈할 수 없을 만큼 값진 추억이 깃들어 있던 곳이기에 이별은 쉽지 않았다. 그러나 미래를 향한 낯선 곳의 도전은, 나에게 큰 의미가 있을 것임을 기대했기에 그 기대는 '쉽지 않음'에 대한 염려를 상쇄相殺하고도 남았다.

내가 그때 그 'L' 교수와 만남의 인연이 없었더라면 나는 아직도 부산 어디엔가 살고 있을지 모른다. 그랬더라면 이렇게 아내를 만나고 삼 남매를 낳고 퇴직 후에도 안정된 삶을 살아가고 있을까?
"교수님 서울 가시거든 저도 좀 불러 주세요" 그저 스쳐 지나갔을 '말 한마디의 인연'은 내 삶의 거의 전 기간을 이곳 낯선 서울로 옮겨 놓게 하였던 것이다. 그 직장에서 줄곧 삼십 년이 넘는 긴 세월을 보냈다. 그 세월 속에서 "흐르는 강물처럼 만났다가 또 헤어지고" 수많은 인연이 있었다. 그 터에서 때로는 "재잘재잘 합창 하듯 잔잔한 하모니" 같은 즐거움도 있었다. 그러나 때로는 "흐르는 강물이 거친 바위 밑에서 서로 부딪쳐 거품 나는 탁한 소리"를 들어야 할 때도 있었다. 얽히고설킨 문제를 해결하는데 한계를 절감하기도 하였다. 분노와 외로움이 가시지 않아 몸서리치는 날도 많았다. 이러한 날들을 겪으면서 나는 겸손도 배웠고, 사색과 성찰의 시간을 늘리기도 하였고 인내하는 힘을 길렀다.

이 모든 세월 속에 있었던 사건들은 인연에서 시작된 것이며, 이 또한 '운명적이다.'라는 생각을 지울 수 없다. 그러기에 나와 'L' 교수님과의 만남의 인연도 운명적이다. 그 인연은 내 생애에 깊은 의미가 담겨 있기에 더욱 소중한 것이다.

기독교에서는 인연의 결과를 "하나님의 뜻이다"라고 여긴다. 그러면서도 인간의 책임성을 강조한다. 그 책임성이란, 인연은 예측할 수 없는 운명적인 면도 있지만 먼저 자신의 이익을 추구하는 의도에서 만들어지는 것도 있기에 그렇다.

같은 맥락에서 "쓸데없는 반연攀緣을 짓지 말라"는 붓다의 가르침을 생각해 본다. 반연攀緣이란, 기대어 인연을 맺는다는 뜻이다. 예를 들면 아이비나 나팔꽃, 칡이나 호박 등과 같이 주위에 있는 다른 나무나 담벼락을 감거나 기대어 타고 올라가는 식물을 반연식물이라고 하니 그 의미를 알 것 같다. 인연이 상대에게 짐이 되게 해서는 안 된다는 뜻일 것이다. 이 또한 인간의 삶의 태도에는 그에 대한 책임이 있음을 강조하는 것이다.

또다시 지나온 날들을 돌아본다. 나는 나와 맺은 인연들을 선하게 이끌어 왔으며, 반연을 시도 한 적은 없었는가?

"인생은 작은 인연들로 아름답다."라는 수필가 피천득 선생의 말에 공감한다. 그 수많은 인연들이 쌓이고 싸여 지금 나의 삶을 이루고 있다. 그 인연들은 지금까지 내가 여기에 존재할 수 있는 원동력이었기에 무엇보다 소중하다.

내 나이를 하루로 치면 언제쯤일까? 노을 지는 해 질 녘일 것이다. 지금 나는 여기서 무엇을 더 챙겨야 할까. 무엇에 미련을 갖는 건 욕심이다. 욕심은 반연을 짓게 하여, 선한 인연을 가로막을지 모른다.

비록 내 생의 시간은 해 질 녘일지라도, 계속 배우고 변화하며, 아름다운 인연을 간직하며 살고 싶다.

우리 사회가 겪고 있는 갈등과 불통은 앞서 언급한 바와 같이 '언어 인플레이션' 시대에 나타나는 현상이라고 보는 것이다. 부도난 낱말들은, '너무와 전혀' 같은 과한 언어와 같이 진실 된 언어의 부재에서 오는 현상은 아닐까?
....
　과연 '너무와 전혀' 사이에는 무엇이 있을까.

- 본문에서

너무와 전혀 사이

말이 많은 사회
말이 없는 사회

말이 너무 많은 사회
말이 전혀 없는 사회

어떤 사회가 좋을까
어지러울까 삭막할까
둘 다 오해와 갈등과 미움이 갈고리 되어
야들야들 보드랍던 초원이 섬뜩하다
어떤 사회가 좋을까

너무와 전혀 사이에는 무엇이 있을까

우리는 지금 각종 소셜 미디어에서 쏟아져 나오는 정보와 주장을 여과 없이 듣고 보아야 하는 시대에 살고 있다. 좋든 싫든 상관없이 저마다 한두 마디씩은 해야 존재감이 있어 보인다. 그러니 말이 '너무' 많아진 사회가 되었다. '언어 인플레이션' 시대라는 말이 적절한 표현 같다. 이것은 다양성이라는 긍정적인 면도 있을 것 같지만, 한편으로는 혼란을 초래하기 십상이다. 때로는 주관적인 생각을 다수의 의견인 것처럼 혹은 사실인지 아닌지도 모를 일들을 확실한 것처럼 반복하므로 삼인성호三人成虎같이 된다.

이와 같은 맥락에서 사이버 피해가 확산되고 있는 요즈음, '사이버 레커(cyber wrecker)'라는 단어를 생각해 본다. SNS에서 떠돌아다니는 특정 이슈에 대해 사실 검증 없이 부적절한 콘텐츠를 제작 삽입하여 자극적으로 퍼뜨리는 사람을 말한다. 그럴싸하게 기술하는 능력이 있어 그러한 이슈에 끌려갈 우려가 있다. '레커'에게는 사건의 진위는 중요하지 않다. 조회수만 늘리면 된다. 그 숫자만큼 돈이 되기 때문이다. 이런 일을 당하는 조직이나 개인은 엄청난 충격을 받는다. 어떤 조직은 원상 복구 불능에 빠지거나 개인은 생명을 잃는 경우도 적지 않다. '언어 인플레이션' 시대의 어두운 단면이다.

사실과 진실은 잘 퍼져 나가지 않는다. 사실과 진실의 속성은 '너무' 많은 말을 필요로 하지 않을 뿐만 아니라 자극적이지 않다. 대체로 '생각 있는 소수'에 의해서 신중하게 다루어지기 때문이다. 즉 부화뇌동하지 않는다.

과장된 언어는 감성적이며 자극적인 데다 유식한 말이 가미되니 자연스레 말이 '너무' 많아진다. '생각 없는 다수'에 의해서 쉽게 퍼져 나간다. 그러니 거짓과 위선은 세련되어 보이고, 사실과 진실은 촌스럽게 들릴 수 있다는 말에 수긍이 간다.

반면에 말이 '전혀' 없는 사회는 시끄럽지 않아 좋을 것 같다. 소셜 쇼킹으로 인한 혼란스러운 분위기는 줄어들 수도 있겠다. 그러나 '너무' 오랫동안 이러한 상태가 지속되면 고립과 무관심으로 더 삭막해지지 않을까. 이는 의사소통 부재로 인한 공감 결핍과 소외감을 불러 올 요지가 많기 때문이다.

우리는 살아가면서 말 잘하는 사람을 만나기도 한다. '너무' 말을 잘해 듣기만 해도 재미있는 사람이 있다. 그런데 그런 사람 중에는 예상외로 대화는 잘 못하는 사람도 있다. 그 원인은 아마도 말의 주제를 항상 자신에게 초점을 두는 습관 때문일 것이다. 즉 상대방의 말이 채 끝나기도 전에 자신의 이야기로 전환 시키는 습관을 가진 사람을 말한다. 그러니 대화의 상호작용으로 얻는 공감이 축소되면서 소통 역시 원활해지지 못한다. 반면에 말이 '전혀' 없거나 하더라도 상대를 배려하지 않고 막말하는 사람도 만난다. 그러니 이것 역시 공감 있는 대화가 지속되지 못한다.

'너무와 전혀'는 일상에서 자주 사용되는 언어 표현이다. 그렇지만 이 표현을 과도하게 사용한다면 그 말은 과장이거나 허위일 가능성이 농후하다. 여기에 약간의 사실을 교묘히 가미하여 토설해 내는 언어 기술자들이 정치계와 언론계는 물론 종교계에서도 두각을 나타낸다. 그들의 유창한 언어는 같은 주제를 놓고서도 허위와 사실, 과장과 진실을 명확히 구분하기 어렵게 만든다. 그러니 갈등과 분쟁이 일어나는 것이다.

좀 더 생각해 본다면 대화의 중요성은 인정하면서도 적절한 때에 말을 줄이거나, 말을 억제할 수 있는 훈련이 필요하다는 것이다. 이는 말이 '너무' 많은 사회에서 건실한 사고력을 가지려면 말이 '전혀' 없음이 아니라, 잠시 침묵함으로써 고요한 순간을 누릴 줄도 알아야 한다는 뜻이다.

경북 예천군 지보면 한대마을에는 언총言塚이라는 말 무덤이 있다. 4~5백 년 전에 만들어졌다고 알려 지는데, 이 마을에서는 다

톰과 언쟁을 유발하는 말들을 이곳에 파묻었다고 한다. 침묵함으로써 문제를 해결하려는 우리 조상들의 지혜를 엿볼 수 있다. 다툼과 언쟁은 유익한 인간관계를 파괴하기 쉽다. 이때 한 발짝씩 물러앉아 침묵하는 기술, 언총言塚을 떠올려 보면 좋을듯하다. 침묵도 언어의 한 표현이기 때문이다.

"세상의 갈등과 불통은 낱말이 부족하기 때문일까? 너무 말이 넘치기 때문은 아닐까? 아니 사랑과 진실 없는 부도난 낱말들이 유통되고 있기 때문이리라." 이주연 님의 글이다.*

우리 사회가 겪고 있는 갈등과 불통은 앞서 언급한 바와 같이 '언어 인플레이션' 시대에 나타나는 현상이라고 보는 것이다. 부도난 낱말들은, '너무와 전혀' 같은 과한 언어와 같이 진실 된 언어의 부재에서 오는 현상은 아닐까?

"우리는 왜 가짜에 더 끌리는가!" 염두에 둘 말이다.

철학자 하이데거는 "언어는 존재의 집이다"라는 말을 했다. 일상에서 자주 쓰는 언어에서 그 사회의 의식 수준을 가늠할 수 있다는 함의가 들어있다.

과연 '너무와 전혀' 사이에는 무엇이 있을까.

---

* 이주연, 강원도 산마루교회 목사, '사랑, 그 영혼의 공명' 조선일보 2024.9.17.

너무와 전혀 사이 43

이와 같이 에릭 프롬의 주장과 솔로몬의 인생론은 일맥상통해 보인다. 그렇다면 인간은 처음부터 허무한 존재인데 죽음을 슬퍼할 이유가 있는가? 자꾸만 되풀이하여 묻게 된다. 그럼에도 불구하고 인간의 모든 죽음은 따질 것 없이 그냥 슬프다. 인간은 슬픔을 느끼는 피조물이기 때문일 것이다. 그 슬픔은 아직 남아 있는 자의 몫이다.
....

그날 나는 삶과 죽음과의 간격을 어떻게 극복할 수 있을까?
그리고 삶의 양면성을 곰곰이 생각했다.

- 본문에서

여보, 이제 그만 집에 가자

남편의 영정影幀 앞에
아내와 두 아들이 앉아 있다
타다 남은 향불은 재만 남긴 채
적막 속으로 스며든다

아내는 강풍과 자갈밭과 돌山, 숨 가쁜 육신
이제는 파노라마 속에 들어앉아
남편과 말없이 말을 주고받는다

두 아들의 초점 잃은 눈망울은
시들해진 흰 국화잎에 멈춰있다

이제는 떠나야 할 시간
영정과 남편과 아버지는

먼 길 떠날 채비를 한다

한 걸음 옮길 때
아내는
여보, 이제 집에 가자
두 걸음 옮길 때는
여보, 이제 그만 집에 가자

혼자 가는 길
두 아들은 허공만 본다
눈물이 바람 속에 숨는다
모두가 그 바람에 젖는다

서울 변두리 한적한 장례식장, 남편의 빈소에는 아내와 두 아들만 쓸쓸히 앉아 있었다. 조문객은 먼발치에, 서너 명만 보일 뿐 빈소는 적막하다. 하나 남은 향불마저 힘없이 꺼져가고 있었고, 다 타버린 향불 잿더미가 수북이 쌓여 있었다. 아내는 지나온 세월을 회상하는 듯 남편의 영정을 바라보며 눈물로 말을 건네고 있다. 그 눈물 속에는 구구절절 삶의 애환이 담겨 있으리라.

두 아들은 시든 국화 송이를 물끄러미 바라보고만 있다.

간략한 예식을 마친 후 누군가가 영정을 안고 앞선다. 아내는 남편의 관을 뒤따르며 절규한다.

"여보 이제 집에 가자."

대답 없는 남편의 관을 쓰다듬으며 다시 절규한다.

"여보, 이제 그만 집에 가자"

이 절규는 내가 그동안 수많은 장례식장에서 보고 들었던 어떤 슬픈 목소리보다 가장 애절한 절규로 들렸다. 지적장애를 앓고 있는 20대 두 청년 아들은, 아버지의 죽음의 의미를 아는지 모르는지 허공만 바라보고 있다. 그래서 더 슬픔으로 다가왔다. 뒤따르던 조문객의 눈물이 빗방울과 함께 떨어지기 시작했다.

인간의 죽음은 누구에게나 필연적인데 왜 이렇게 슬퍼지는 것일까?

에릭 프롬(Erich Fromm)은 "죽음을 두려워하는 이유는 우리의 존재를 끝내기 때문이 아니라, 오히려 우리의 존재가 의미 없는 것이었을 뿐이라는 생각 때문이다."라고 말했다.

과연 그런가? 존재했던 생의 시간이 죽음으로서, 의미가 없는 것으로 되는 것인가? 구약성서 솔로몬의 인생론(전도서)에서도 인간의 존재를 무의미하다고 말한다.

> "모든 것이 헛되고 무가치하며 의미가 없으니 아무것도 소중한 것이 없구나. 사람이 평생 동안 수고하여 얻은 것이 무엇인가 세대는 왔다가 가지만 세상은 변함이 없구나. ~"

이와 같이 에릭 프롬의 주장과 솔로몬의 인생론은 일맥상통해 보인다. 그렇다면 인간은 처음부터 허무한 존재인데 죽음을 슬퍼할 이유가 있는가? 자꾸만 되풀이하여 묻게 된다. 그럼에도 불구하고 인간의 모든 죽음은 따질 것 없이 그냥 슬프다. 인간은 슬픔을 느끼는 피조물이기 때문일 것이다. 그 슬픔은 아직 남아 있는 자의 몫이다. 나는 그들을 위하여 기도한다.

장애인 아들을 뒷바라지하며 홀로 살아가야 할 그 어머니의 힘든 여생을 생각하며 기도한다.

"하나님! 그들에게 슬픔을 극복할 수 있는 힘주시고, 삶의 여정에서 힘들어 쓰러질 때 다시 일어설 용기 주세요. 이 험한 세상 그들을 눈동자같이 지켜 주세요."

그날 나는 삶과 죽음과의 간격을 어떻게 극복할 수 있을까?

그리고 삶의 양면성을 곰곰이 생각했다.

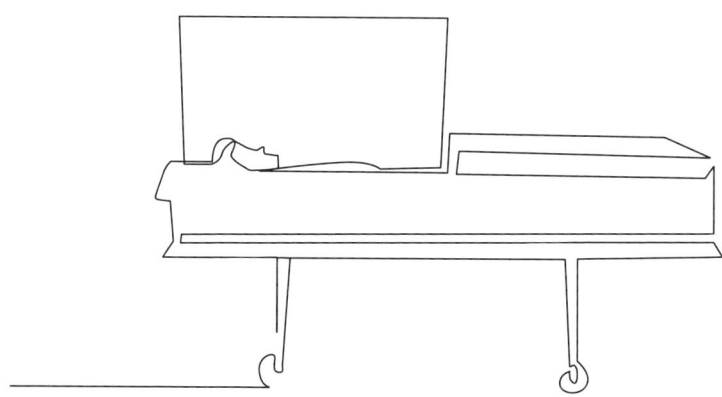

이장 移葬

평생 농촌 빈부貧夫의 흔적이 얼굴과 손등에 배어 있다
즐거움의 흔적이 인색하다
김 서방 왔나, 얼른 들어오게
장모님과 장인어른과의 생의 인연은 2년 그리고 19년

세월은 속절없이 흘러가고
43년과 26년 긴 세월 뒤에
검은 황토색 유골 되어 재회했다
김 서방 왔나, 그동안 잘 지냈나
소리 없는 말이 흙내를 타고 가늘게 들려온다
그 긴 세월, 하고픈 말들이
검은 황토에 묻혀 파르르 힘이 없다
곧 적막 속에 평온하다

죄송합니다 여기 너무 오래 계시게 해서
사시사철 어둠만 있고 새 소리마저 들리지 않던 먹먹한 곳
긴 세월의 검은 황토를 흩어내고 아늑한 방으로 안내한다
이제 환한 천지를 보세요
새 소리 바람 소리 빗소리도 들릴 겁니다

흙으로 왔으니, 흙으로 돌아가야 하는 그곳은 환한 천지
김 서방 수고했네, 잘 가게
소리 없는 말이 가벼운 바람에 까마득히 들려온다

아~ 인생!
여기에서의 인생 저곳에서의 인생
솔바람이 가볍게 잠시 나의 등을 아직 저곳으로 밀어낸다

나는 결혼 직전 시골에 있는 처가를 찾았다. 장인 장모님은 평생을 농촌에서 사신 흔적이 그대로 배어 있었다. 대문을 들어서니 마당 한켠에는 펌프와 물받이 다래, 조그마한 텃밭과 닭장, 창고 그리고 마루가 있는 일자一字집. 농촌에서 살아본 적이 없는 나로서는 그곳 주위가 낯설었다.

그때 마당 한 가운데 들어서는 나에게 장인은 "김 서방 얼른 들어오게." 그 음성의 색조는 도회지의 그것과는 다르게 들렸지만, 순박한 어조는 긴장감 해소에 도움이 되었다.

결혼 후 한 번 더 처가를 찾았을 때는 낯섦 본다는 친근감이 더 느껴졌다.

첫 아이를 낳은 후 장모님이 서울 우리 집에 오셨다. 첫 손주를 보시기 위해서다. 그리고 이듬해 봄에 갑자기 세상을 떠나셨다. 나와의 생의 인연은 2년뿐이다. 홀로되신 장인은 그 후로부터 17년 후 그 시골집에서 세상을 떠나셨다. 그곳 외진 곳에 모신 장모님의 묘 옆에 나란히 매장했다. 먼 길이라 자주 갈 수 없었기에 갈 때마다 산소는 무성한 잡초들로 덮여 있었다. 죄송하고 안타까운 마음으로 세월을 보냈다. 그 세월이 43년과 26년이다. 금년에 드디어 새 땅으로 모시게 되었다.

그때도 장인 장모님은 "김 서방 왔나 그동안 잘 지냈나." 소리 없는 말이 검은 황토색 유골에서 들려오는 듯했다. 그동안 제대로 보살피지 못한 죄책감이 생전의 음성을 소환하여 나의 마음을 찌르는 것 같았다. 두 분의 유골을 화장하여 그곳에서 좀 떨어진 산언덕, 바람과 햇볕이 잘 드는 곳에 다시 모셨다. 무거운 마음의 짐을 내려놓은 것 같았다. 아내도 그동안 마음에 맺혔던 큰 짐을 내려놓은 듯 안도의 눈물을 흘렸다.

> 삶은 오늘도 죽음의 서곡을 노래하였다/이 노래가 언제 끝나랴/세상 사람은/뼈를 녹여내는 듯한 삶의 노래에/춤을 춘다/사람들은 해가 넘어가기 전/이 노래 끝의 공포를 생각할 사이가 없었다.
> ....
>
> \- 윤동주 「삶과 죽음」 부분

시인은 오래전에 '삶은 오늘도 죽음의 서곡을 노래했다'라고 '삶과 죽음'의 의미를 깊이 성찰하고 있다. 이 시구에서 "죽음은 또 하나의 다른 삶의 연장이다"라는 말의 의미를 생각했다.

장인 장모님의 유골을 이장移葬 하던 날, 전장에서 승리하고 돌아오는 병사들의 외침, "메멘토 모리!"를 떠올렸다. 비록 전쟁에서 승리는 했지만 우리도 언젠가는 또 다른 전쟁에서 죽을 수 있음을 기억하라는 외침이었다고 한다.

  이 외침은, 아직 이곳에 남아 있는 삶을 어떻게 살아야 하는지를 되짚어 보게 한다.

  아직 이곳에 있는 내 움직이는 해골은, 얼마 후 내 후손의 손길에 의하여 황토를 덮고 깜깜한 적막 이곳에 뉘어질 것이다. 얼마 후 뼈만 남고, 또 얼마 후 흙이 되어 흔적도 없이 사라질 것이다.

  인간은 흙으로 왔으니, 흙으로 돌아가는 게 창조주의 법칙인 것. 누구도 예외는 없는 것. 이장移葬을 마치고 산을 내려오면서 이곳에서의 죽음과 저곳에서의 삶을 생각했다.

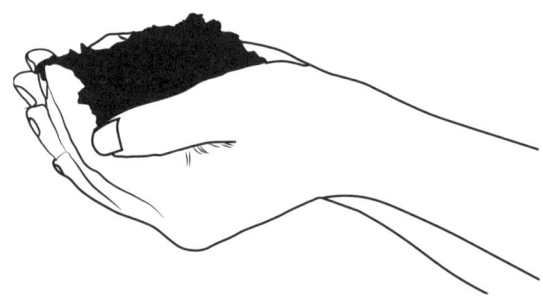

모든 예술 가운데 음악이 가장 다정하다. 음악을 듣는 데는 자기 자신도, 계급도, 지성도, 교양도 필요 없다. 음악은 우리의 영혼에 직접 울려 퍼진다.

나한테는 모차르트의 소나타나 미사곡 한 소절의 기억이 사랑의 손길이다. 아픈 마음의 상처를 가만히 쓰다듬는 사랑의 손……. 음악 없는 인생은 생각도 할 수 없다.

- 헤르만 헤세 〈음악〉

클래식 음악, 봄 여름 가을 겨울

아침 커피 한 잔 내려 마시며
클래식 음악, 내 영혼의 공간에 들어간다

헨델의 숭고한 현악의 향연은 구원을 위한 영혼의 울림
베토벤의 교향곡은 환희를 선사한다
모차르트의 하모니가 감사한 마음을 불러오면
슈베르트의 섬세한 선율은 애잔함을 안긴다

브람스의 자장가는 포근하게 마음을 감싸안는다
쇼팽의 경쾌한 피아노는 창밖의 빗방울과 화음 한다
비 오는 날에도 빛을 선사한다

아메리카 민요, 스와니강의 고요함은
어린 날의 그리움을 불러 귓가에 내려놓는다

클래식 음악은 사계절을 품는다
봄날엔 함초롬하니 생기를,
여름엔 바닷가처럼 시원함을
가을엔 멜랑콜리를 안겨주고
겨울엔 다사함을 선사한다

커피 한 잔과 함께하는 클래식 음악
나의 모난 영혼을 연화하는 숨결
그대의 숨결이 내 영혼에 안식하기를

나는 오늘도 커피 한 잔을 내려 마시며 클래식 음악을 듣는다. 날씨와 계절에 따라서 그때그때 기분에 맞추어 선곡한다. 하루가 시작되면 베란다 창문을 열고, 아침이 주는 싱그러운 향기를 맞이하면서 어떤 음악을 들을지 생각한다. 맑은 햇살이 뜨는 아침이면 "경쾌한 음악이 좋겠지." 혼자 창가에 서서 말로만 음반을 들었다 놓았다 한다.

안개 낀 아침에는 모차르트의 라우다테도미눔과 헨델의 라르고 같은 곡을 듣는다. 이 곡들의 숭고한 선율은 저절로 고요함에 젖어 들게 한다. 베토벤의 교향곡, 브람스의 자장가, 슈베르트의 아베마리아, 쇼팽의 피아노 선율 등은 감미로우면서 애잔함으로 마음을 부드럽게 한다. 음악을 듣고 있노라면 무어라 표현할 수 없는 편안함을 느낀다. 마치 음악이 나를 포근히 감싸고 있는 기분이다.

베란다에 피어 있는 심비디움의 활짝 핀 꽃잎을 본다. 남천의 가지 마디에서 솟아나는 새순을 바라보며 생명의 신비함을 느낀다. 때를 알고 피고 지는 자연의 생명도 신비롭지만, 클래식 음악이 주는 환희와 애잔함, 숭고함과 영혼의 울림 등을 담아낸 음악인들의 능력도 신비롭다. 그 능력에 경의를 표하게 된다.

시인 이해인 수녀님이 클래식 음악을 들으면서 지은 시가 있다.

....
클래식 음악을 들으면/그냥 좋다/자주 눈물이 난다∥
말로는 다 설명이 안 되는/이 고요하고 순결한 힘을∥
감동이라고만 하기엔/왠지 가벼운 표현 같고/
기도라고만 하기엔/왠지 무거운 표현 같고∥어쨌든
음악을 들으면/아무도 미워할 수 없다./죄를 지을 수가
없다.

- 이해인 「클래식 음악」 부분

    클래식 음악을 들을 때면 수녀님 마음과 같이, '어쨌든 그냥 좋다.' '누구를 미워하는 마음이 사라진다.' 순한 마음으로 내 주변의 선한 인연들을 둘러보게 된다.

    클래식 음악은 봄, 여름, 가을, 겨울 각기 조금은 다른 색감으로 나를 품는다. 봄날의 클래식은 봄비같이 함초롬하다. 여름에는 바닷가 갯바위에 부딪히는 물안개같이 시원함을, 가을에는 우울한 감정을 온화하게 어루만진다. 그리고 겨울에는 다사롭고 부드럽게 마음을 감싸안는다.

    얼마 전, 한 의학자가 모 일간지에 우리 몸에서 '옥시토신'을 증가

시킬 수 있는 12가지 방법을 설명하였는데, 그중에 하나는 음악에 관한 것이었다. 즉 "우리 몸의 회복 탄력성과 마음 근력을 이루는 핵심 호르몬인 '옥시토신'은 뇌하수체 후엽에서 저장되고 분비되는 호르몬으로, 신경 조절 물질로 작용하는 기능을 가지고 있다. 이 호르몬이 좋은 음악을 들으면 증가된다."라는 것이다. 이러한 과학적 근거에 의한 것일까. 얼마 전에 '음악을 아는 사람은 모르는 사람보다 행복하다(한숙현 저)'라는 책도 출간되었다. '옥시토신'이라는 호르몬 기능과 책 제목만 읽어도 공감이 가는 이야기다.

나는 클래식 음악에 대한 전문 지식도 없고, 감상법을 말할 만큼 아는 게 별로 없다. 그럼에도 한마디 언급한다면, 음악은 독서만큼이나 진실 된 즐거움과 위로를 안겨 준다는 사실이다. 클래식 음악은 장르에 따라서 조금의 차이는 있지만 들으면 그냥 기분이 좋아 지기 때문이다.

"음악은 신이 인간에게 선사한 아름답고 자유로운 예술이다."라는 마르틴 루터의 말을 음미해 본다.

오늘도 나는 커피 한 잔에 클래식 음악을 들으며 삶을 돌아본다. 그러면 모든 것이 감사함으로 다가온다.

행복했던 때를 돌아보면 저절로 어린 시절이 떠오른다. 그런데 어째서 어린 시절일까.
　행복을 느끼려면 시간의 지배를 전혀 받지 않아야 하고, 두려움이나 소망에도 지배받지 않아야 하기 때문이다. 그런 조건을 만족시켰던 것이 우리의 어린 시절이다.

- 헤르만 헤세 〈행복〉

고향 해변

고향 해변의 언덕길을 걷는다
여전히 낯익은 파도 소리
먼 옛날 바다 냄새가 스멀스멀 되살아난다

조그마한 대나무 낚싯대를 어깨에 얹고 해변에 모여든 우리들
살며시 물결 밀치고 헤엄치던 순간들
햇살에 타다 남은 검댕이 갯바위에 올라앉아
하얀 구름, 하늘 갈매기를 쳐다보며 손짓하던 우리들
물질하는 해녀들의 숨 가쁜 휘파람 소리에 담겨 있는
보라성게, 해삼, 멍게, 고둥, 미역…

저 멀리 수평선 아득히 보이는 빨간 등대와 하얀 등대는
언제나 그 자리에 꼿꼿이 서서 뱃사공을 안아주고
그 너머에는 누가 살고 있을까 상상하던 어린 날

갯바위와 자갈밭, 뱃고동과 파도 소리, 갈매기들 노랫소리
파도와 마주치며 노래하는 자갈처럼
재잘거리던 우리들의 추억

지금도 고향 해변은 뱃고동 소리 은은하고
갈매기는 날갯짓하고
아득히 먼 바닷속에 우뚝 솟은 두 등대는 그대로 있건만
해녀들의 휘파람 소리는 들리지 않고
보라성게들은 어디 먼 곳으로 가버렸는지…

갯바위와 자갈밭 위에는 방부목 다리가 놓이고
해변 언덕 위에는 희멀건 건물들이 점령하고 있다
이제는 변해버린 고향 해변이지만
그 추억은 영원히 남아 있으리

나는 유년기와 청소년 시절, 부산 영도라는 섬에 살았다. 내가 태어난 곳은 아니지만 이곳에서 성장기를 보냈기에 오랜 세월이 지났지만 지금도 내 고향은 이곳이라 여긴다. 초등학교 시절 여름 방학 때는 자주 바닷가에서 놀았다. 바닷가에는 항상 해녀들이 많았다. 우리들은 해변에 앉아서 가물가물 보이는 해녀들의 물질하는 숨 가쁜 휘파람 소리를 들었다. 그녀들이 잡아놓은 보라성게, 해삼, 고동, 멍게, 미역 등을 구경하는 재미도 있었다.

우리도 얕은 물가에서 물질도 하며, 갯바위 사이에서 대나무 낚시도 하고, 소라와 암장구(성게의 부산 사투리)도 잡곤 하였다. 암장구를 잡으려면 가시 때문에 곤혹스럽다. 작은 파도에도 이리저리 떠밀리며 짠물도 먹으면서 그놈을 잡아 올릴 때면 손가락에 두서너 개의 가시가 박히기 십상이다. 손가락도 아팠지만 바위틈에 긁힌 무릎 상처는 더 아팠다. 그래도 무슨 큰일이라도 해 낸 양 물속에서 그놈을 집어 올리면서 소리치곤 하였다.

"암장구다! 암장구!"

물가로 나와서는 동무들이랑 자갈 위에 올려놓고 누구 것이 더 큰지 재어 보기도 하였다. 갯바위에 올라앉아 그 속에 있는 노란 알을 꺼내, 맛있게 먹다 보면 어느새 얼굴과 등짝은 여름 햇살에 새까

많게 타 있었다. 그때는 몰랐지만 집에 들어가서 거울에 비쳐 보면 등에 물집이 잡혀 있었고, 며칠 지나면 그 물집이 벗겨지면서 따갑기 시작했다. 그렇게 우리는 여름 방학의 한나절을 해변에서 보내는 날이 많았다.

나는 3년 전 이곳을 찾았다. 그때 우리가 놀았던 그 해변은 온데간데없이 사라졌다. 물론 해녀들도 그 싱싱했던 해산물도 보이지 않는다.

시인 김사인도 어느 날 어릴 적 고향을 찾았다.

> 나의 옛 흙들은 어디로 갔을까/땡볕 아래서도 촉촉하던 그 마당과 길들은 어디로 갔을까/나의 옛 개울은, 따갑게 익던 자갈들은 어디로 갔을까/나의 옛 앞산은, 밤이면 굴러다니던 도깨비불들은 다 어디로 갔을까………
>
> - 김사인 「아무도 모른다」 부분

기억 속에 있던 고향의 풍경은 어디로 갔는지 하나도 남아 있지 않다. 그는 어릴 적 다니던 길부터 시작해서 마당, 개울, 자갈, 도깨비불 등등 하나씩 끄집어내어 옛 고향의 모습을 찾아내려 했다. 그러나 그 모습은 어디로 갔는지 알 수 없다. 그 누구에게도 물어볼 사람이 없기에 '아무도 모른다'고 허탈해하고 있다. 시인의 애틋한 모습이 진하게 느껴진다.

　나의 고향 해변도 그렇다. 어릴 적에 해변으로 가던 길목도, 그 해변에 반짝이던 자갈밭도 모래사장도 어디로 갔는지, 나도 시인과 같이 '아무도 모른다'라고 표현하는 게 맞을 것 같다.
　갯바위와 자갈밭이 있음 직 한곳에는 방부목으로 만든 다리가 꾸불꾸불 까마득히 놓여 있어 전혀 다른 풍경이다. 그 언덕 위에 있던 공동묘지는 없어지고 그곳에 아파트와 상가 건물들이 쌓여 있다. 그때보다 바닷가 가는 길은 편해졌지만 허전한 건 어쩔 수 없었다. 그나마 우리의 오른쪽 해변에 있던 빨간 등대와 건너편에 마주하는 흰 등대는 여전히 그 자리에 있다. 갈매기 날갯짓도 의전하나. 바닷가 바람 냄새도 여전하다. 아무도 모른다고 허탈해하던 시인보다는 내가 조금은 나은 것 같다. 나는 해변 언덕 위에 서서 두 등대 사이를 드나드는 어선들과 여객선을 바라보며 그때를 회상했다.

　즐거운 추억을 회상하면, 이때 뇌는 행복 호르몬인 '도파민'을 분비한다. 이로 인해 긍정적인 감정 상태를 경험하며 스트레스를 해소하는 데 도움이 된다고 한다. 반면에 부정적인 추억은 트라우마, 감정적 고통, 관계 문제 등을 유발할 수 있다고 한다. 이렇게 본다면 나의 '고향 해변'의 추억은 전자에 속한다. 현실의 삶이 삭막할수록 추억을 떠올려 보는 것은 오늘을 살아가는데 다소나마 위안을 받기 때문일 것이다.

비록 변해버린 고향 해변이지만 그때의 즐거웠던 순간들은 마치 색색의 '비드'로 이루어진 환상적인 '팔레트'다.

고향 해변의 추억은 여전히 미소로 남아 있다.

반려화초

우리 집 작은 정원, 베란다는 생동의 숲
화초들이 사계절을 품고 여전히 합창 한다
생명이 호흡하는 삼십 년이 넘는 세월
그 흐름의 증표가 되었다

사계절 내내 피어나는 제라늄
그 향기로 창가 모기를 물러놓는 특별함
불두 같은 수국, 오밀조밀 조화가 자비롭다
늘 푸른 벤자민과 남천은 거실을
감싸는 녹색 커튼
스파티필럼의 하얀 꽃잎 속에는
손오공의 요술 방망이가 든든하다
공작선인장의 진붉은 입술, 황금빛 속눈썹은
새악시 자태, 베란다가 화려하다

작고 붉은 열매가 백량처럼 매달려 있는 만량금
사계절이 풍성하다

오늘도 베란다의 화초들은 서로서로 속삭인다
때로는 질병에서의 치유와 환희,
때로는 끝내 이별
각각의 다른 이야기가 있지만
물주기 하나에도 감사와 생동이 솟는다

우리 집 작은 정원 베란다는 마음의 샘터
그 푸르름은 나의 반려자다

우리 집 베란다에는 여러 모양의 화초들이 있다. 입주한 지 30년이 넘는 제라늄에서부터 20여 년이 넘는 벤자민 고무나무, 홍콩야자, 군자란, 만량금, 영산홍, 심비디움, 공작선인장 등과 동양란, 수국, 남천, 인삼펜더, 스파티필럼, 아이비, 백년초, 아마릴리스, 테이블야자, 참나리 등과 10여 년 전에 입주한 호야, 청페페, 멜라닌 고무나무, 금사철 등등 이외에 이들 화초의 2세들도 몇 그루 더 있다. 모두 합치면 20여 종류가 넘는 화초와 30여 개의 화분들이 오밀조밀 베란다에서 살아간다.

사람들이 저마다 사연이 있듯이 우리 집 베란다의 화초들도 나름 사연이 있다. 입주 경로도 다르고, 성장 과정도 다르다. 때마다 화려한 꽃과 열매로 뽐내는 화초도 있지만, 큰 키에 항상 푸른 잎으로 거실 커튼 역할 하는 나무도 있다. 삼 십여 개의 화초는 자라면서 죽을 고비도 겪고, 별문제 없이 잘 자라는 녀석도 있고, 2세, 3세를 낳는 다산형도 있다. 나는 이 화초들의 푸르름에 안정감을 느끼면서, 생육하고 번성하라! 감사한 마음도 우러난다. 이 화초들은 나의 일상에서 큰 비중을 차지한다.

우리 집 작은 정원의 최고참, 제라늄은 30여 년이 넘도록 봄, 여름, 가을, 겨울을 가리지 않고 아직도 피고 지고를 반복하고 있다. 일 년 열두 달 꽃을 피우면서도 피곤하지 않은 모양이다. 보기도 좋고 가꾸기도 쉽다.

몇 년 전 동유럽 여행 갔을 때, 그곳 주택의 창가나 대문 앞 양쪽에 제라늄이 집집마다 있는 것을 보았다. 그때는 궁금했었다. 나중에 알게 되었지만 이 꽃은 벌레를 쫓는 힘이 있다는 것이 알려지면서 많은 사람들이 키우게 되었다는 것이다. 또 이 꽃의 향기는 모기가 싫어하기 때문에 창가에 놓아둔다고 했다. 그래서 구문초驅蚊草라고도 불린다. 꽃향기는 벌들을 유인하기도 하지만 이 제라늄은 모기를 쫓기에 사람에게도 유익한 화초라는 것을 알게 되었다.

2005년 이른 봄 어느 주말, 수잔(Suzan Lewis)이 꽃 화분을 들고 왔다. 그녀는 미국으로 입양된 23세 한국 여성이다. 한국어를 배우기 위하여 임시로 서울에 기거할 때 우리 집에 오면서 가지고 온 꽃이 수국이다. 그때는 반 팔 정도의 작은 키였는데 지금은 나의 키를 훌쩍 넘었고, 가지도 여러 갈래로 무성하게 자랐다. 성장 속도가 빨라 가지치기도 해줬다.

수국은 청보라색 작은 꽃송이들이 오밀조밀 뭉쳐있는 모양은 부처님 머리 닮았다 하여 불두화佛頭花라고도 부른다. 6월에 꽃을 피우고 몇 주 동안 자태를 뽐낼 때면 주위의 키 큰 화초들은 내려다보며 혹은 작은 화초들은 올려다보며 부러워하는 눈치다. 우리 집 베란다에 함께 기거하는 화초들은 다른 꽃이 필 때마다 갈채를 보내주는 것 같다. 그때는 모든 화초의 잎들이 더 진해지면서 활기차게 보이기 때문이다.

수국을 가꾸는 데는 특별히 어려운 점이 없다. 2~3년마다 한 번 정도 분갈이해 주고 일주일에 한 번, 여름에는 3~4일에 한 번씩 물만 주면 잘 자란다. 수잔(Suzan Lewis)은 지금 어떻게 지내고 있을까? 어디서 어떻게 살든지 수국처럼 힘들지 않게 살아가면 좋겠다.

나리는 한여름도 채 넘기지 못하고 사그라들기 시작하여 늦가을부터 이듬해 이른 봄까지 완전히 자취를 감춘다. 흙 속에서 알뿌리로 약 4개월을 묻혀 있다가 3월 초순이 되면 어김없이 새순이 올라오기 시작하면서 급속도로 성장한다.

5월 말쯤 되면 내 키만큼 자라서 생의 절정기가 되고 싱그러운 꽃을 선사한다.

18년 전 이곳 동백에 이사 오면서 입주 기념으로 들어온 왕 벤자민과 스파티필럼은 고교 동창생이, 남천은 교우들이, 만량금은 친구가 선물로 보냈다. 왕 벤자민은 꽃 피는 모습을 보지 못했는데 열매를 맺었다. 처음에는 줄기 마디 잎 사이에 조그마한 파란 열매가 달리기 시작하더니 두 달쯤 지나자 엄지손가락 한마디만큼 커지면서 노란색으로 변했다. 벤자민에 열매가 맺다니! 신기했다. 금년 여름에도 노란 열매가 그득히 맺혔다.

공기정화식물로 잘 알려진 스파티필럼(Peace Lily)도 우리 집에 입주한 후 왕성하게 자란다. 6년 전부터 매년 5~6월이면 꽃을 피우기 시작하는데 꽃대는 여기저기에서 순차적으로 솟아나는 게 신비롭다. 자기 키보다 한 뼘은 더 높이 쭉 뻗어 올린 꽃대에서 하얀 꽃을 피운다. 그 모습이 얼핏 보면 하얀 상복 치마 입은 여인 같기도 하다. 뒷면에서 보면 계란형 모양이지만 고개를 반듯하게 들고 있는 모습은 상대를 응시하는 살모사처럼 보인다. 정면으로 보면 전혀 다른 모양이다. 하얀 꽃잎 속에는 울퉁불퉁 단단한 꽃 순이 있는데 그 모양이 손오공 방망이 같다. 꽃봉오리는 저마다 다른 방향으로 틀고 있어 독자적이고 당당해 보인다. 무엇보다 실내공기오염물질을 제거하는 능력이 있다고 하여 일 년 내내 거실에 둔다.

남천은 입주 당시 내 키만 했는데 지금은 베란다 천정에 닿아 더이상 올라갈 수 없어 고개를 숙이고 옆으로 휜다. 어떻게 할까? 고민 중이다. 남천은 이 상황을 알아차린 것일까? 자신의 뿌리를 감싼

흙을 밀치고 새로운 줄기를 탄생시켰다. 아마 그 새 줄기에다 에너지를 쏟을 모양이다. 2세를 낳은 것이다. 자신이 떨어뜨린 씨앗이 옆자리에서 자라고 있었다. 아예 낳을 때부터 분가를 시킨 것이다. 나는 이것을 지난여름 다른 화분으로 옮겨 키우기 시작했는데 역시 잘 자라고 있다. 생명이 있는 곳에는 신비함도 함께 있다. 거실 커튼 역할을 넉넉히 해준다.

　어버이날이면 꺾꽂이 꽃을 한 아름 들고 오던 큰딸은 내가 살아 있는 화초를 더 좋아하는 것을 알게 된 후로는 화분으로 바꾸었다. 그렇게 해서 입주한 화초가 호야, 청페페, 금사철이다.
　호야는 상록덩굴나무에 속한다고 하는데 줄기가 위로 올라가기를 좋아해 막대를 꽂아 주었다. 줄기는 갈색인데 잎은 녹색에 다육질이다. 지난봄에는 한 줄기 맨 끝마디에서 꽃을 피웠다. 그 모양새가 특이하다. 마치 작은 보석을 수십 개 모아서 매달아 놓은 것 같기도 하고, 불꽃놀이 때 공중에서 폭발하는 불꽃 같기도 하다. 세상에 같은 모양의 꽃은 없다고 하지만 이렇게 다를 수가 있을까? 호야를 옥접매라고도 하는 이유를 알 것 같기도 하다. 청페페, 금사철도 큰 화분으로 옮겼는데 왕성하게 자라고 있다.

공작선인장은 5월 초순경에 꽃을 피운다. 진홍색 꽃잎에 꽃 순은 황금 가루를 뿌려 놓은 듯 그 화려한 빛에 도취 되곤 한다. 해가 진 뒤부터 서서히 꽃잎을 열기 시작하면서 한밤중이 되면 만개한다. 피는 모습을 지켜보노라면 그 자태가 요부 같기도 하고, 고개를 약간 숙인 모습은 수줍음 많은 새악시 같기도 하다.

만량금은 서울 창동 살 때 입주했으니 20년이 넘었다. 누가 그렇게 이름을 지어 줬을까? 알 수 없지만 원래 이름은 백량금이었다고 한다. 장사꾼들이 장삿속으로 백량금 대신 만량금이 좋다고 고쳐 불렀는지 모른다고 했다. 원래 백량금이라고 붙여진 이유는 사계절 내내 수북이 달린 빨간 열매가 백량百兩이나 될 만큼 많이 달린다고 해서 그렇게 이름을 붙였다고 한다. 우리 집 만량금도 그동안 한 계절도 거르지 않고 20년을 넘게 빨간 열매를 온몸에 매달고 있다. 그렇게 항상 열매를 볼 수 있으니 우리 집 베란다에서는 대표적인 화초다.

'아글라오네마'라는 화초가 나오는 영화 '레옹'이 있다. 주인공 '레옹'은 살인청부업자다. 그는 일을 맡으면 치밀한 계획을 세우고 냉혈적으로 그 일을 수행한다. 그는 긴장되는 시간에도 이 화초를 가꾼다. 심지어 쫓기는 긴박한 상황인데도 이 화초를 챙긴다. 이 장면만 보면 그는 순박해 보인다. 사람들은 아름다운 꽃이나 식물을 보면 마음을 안정시키는 뇌파가 활발해져 스트레스가 풀리고 불안이 가라앉는다고 한다. 그래서 '원예치료'라는 개념도 생겨난 것으로 보인다. 이 영화에서 '아글라오네마'는 주인공 '레옹'의 심리적 긴장감 해소와 관계있음을 보여 준다. 의학적 근거는 있는 모양이다.

그러나 나는 우리 집 베란다의 화초를 가꾸면서 심리적 안정감만 얻는 것은 아니다. 오히려 스트레스를 받는 때도 많다. 정해진 날짜에 반드시 물을 주어야 하는데 그 물주는 시간 보다 뒷정리하는 시간이 더 걸린다. 매일 통풍도 필수지만 한겨울에는 얼지 않도록 시간 조절도 해야 한다. 정기적으로 분갈이를 하고 때로는 이식도 한다. 시들어진 잎이나 줄기는 잘라주고 영양분과 병충해 예방약도 뿌려줘야 한다. 그렇게 하는데도 죽어가는 화초를 볼 때면 스트레스를 받는다.

어느 정신의학자가 "스트레스라고 다 나쁜 것은 아니다. 과도하지만 않는다면 오히려 생활에 활기를 찾을 수 있다"라고 말한다. 나의 화초 가꾸기는 이에 속한다고 자신 한다. 화초로 얻는 생동감은 스트레스 받음을 능히 상회하기 때문이다.

나는 아침에 일어나면 먼저 베란다의 화초들과 "굿모닝" 인사를 나눈다. 모닝커피를 마시면서 말을 건넨다.

"또 새순을 보이네, 꽃잎은 언제쯤 열거니?"
"너는 잎이 시들한 거 보니 목이 마르구나, 기다려!
이 커피 마시고 물 줄게"
"너는 윤기가 없고 자꾸 마르네, 어디 아프니?
다음 주 보약(분갈이나 영양제) 좀 먹여줄게"
"너는 비좁아서 답답하지, 다음 달 큰 방으로 옮겨 줄게"

관심을 표현하면 화초는 더 튼실한 모습으로 보답한다. 베란다 화초 가꾸기는 나에게 스트레스를 주면서도, 그 푸르름의 생동감은 안정감을 안겨준다.

"정원을 가꾸는 일은 불안, 우울증, 트라우마 등 심리적 문제들을 줄이는 데 도움이 된다. 우리 몸의 신경전달물질인 '도파민', '세로토닌' 등의 호르몬이 촉진되기 때문이다."라고 식물학자는 말한다. 이는 나의 일상에서도 충분히 입증되고 있다.

애완견을 반려견이라고 하듯이 우리 집의 작은 정원, 베란다의 화초는 나에게 「반려 화초」인 셈이다. 그 푸르름을 언제나 내 곁에 두고 싶다.

꽃은 다 이뻐야

봄날 아침
동목포 역사(驛舍)에는 꽃들이 한창이다
동백꽃, 개나리, 튤립, 도라지꽃, 능소화, 장미, 수선화…
한데 모여 웃고 있다
할미꽃 오화자는 동네 꽃들을 신나게 불러 모았다
그리고는 흰색, 빨간색, 노란색, 분홍색, 보라색…
얼굴에 화장을 입힌다

머리에는 연분홍 핀, 검은 핀을 꽂는다
파란색 블라우스와 치마와 바지를 입힌다
꽃잎과 줄기들이 미소 짓는다

뒤늦게 달려온
수국, 찔레꽃, 애기별꽃, 채송화는 헐레벌떡이다

먼저 온 꽃들은 한켠에 서서 슬며시 바라만 본다
할미꽃 오화자는 또다시 화장을 입힌다
그의 손에는 색연필이 쥐어져 있었다

할미꽃 오화자는 허리를 편다
그리고 힘차게 외친다
꽃은 다 이뻐야!

어느 봄날, 할미꽃 오화자는 나를 "미스터 킴!" 이렇게 부르며 꽃구경 가자고 했다. 그가 이끄는 대로 그곳으로 갔다. 동목포역*이었다. 역사 입구에서 능소화, 동백꽃이 반긴다. 역사 안으로 들어가니 역장은 어디 가고 온통 만발한 꽃들만 보인다. 할미꽃 오화자가 동네 꽃들을 자신의 흰 도화지에 불러 모아 벽에다 걸어놓은 것이다. 나는 두리번거리다가 한 곳을 유심히 들여다보고 있는데 그때 할미꽃 오화자의 손이 내 손에 닿았다. '꽃은 다 이뻐야!'라는 제목을 단 화집이었다. 동네 꽃들이 이 화집에도 모여 있었다.

오화자는 여든에 셋을 더하는 나이다. 나는 그의 이름 앞에 할미꽃이라는 이름을 덧붙였다.

> 뒷동산의 할미꽃 꼬부라진 할미꽃/싹 날 때에 늙었나 호호백발 할미꽃/천만 가지 꽃 중에 무슨 꽃이 못되어/가시 돋고 등 굽은 할미꽃이 되었나.
>
> — 박목월 「할미꽃」

비록 우리 동시에서 할미꽃을 '꼬부라진', '호호백발', '가시 돋고',

---

* 동목포역(東木浦驛)은 전남 목포시 용당동에 있다. 1953년 배차 간이역으로 시작하여 이용해 오다가 2003년에 폐역되었다. 역 입구가 50cm 정도로 국내에서는 가장 작은 역이었다고 한다. 지금은 각종 전시회장으로 활용되고 있다.

이렇게 노래하지만, 할미꽃은 우리나라의 야생화다. 누가 특별히 돌보거나 가꾸지 않아도 홀로 생존하는 힘이 강하고 아름다운 꽃으로도 유명하다. 여기에 더하여 할미라는 이름에 친근감이 든다. 그래서 그의 이름 앞에 할미꽃 이름을 붙인 것이다.

할미꽃 오화자는 이미 흰 머리카락으로 덮여 있는 나에게 "미스터 킴!"이라고 불렀다. 이 호칭은 얼마 만인가! 내가 직장 초년생 이십 대 때, 나이 든 상급자가 나를 그렇게 불렀던 것이다. 그 후로부터 처음 듣는 호칭이다. 순간 나는 잠시 그 청춘의 시절을 회상했다. 그때는 무슨 일이든 열정적이었던 시절! 그때의 짜릿했던 청춘의 기분이 되살아났기 때문이다. 그의 거침없는 유머러스한 목소리는 나의 까마득한 추억을 불러내기에 충분했다. 그가 이렇게 많은 꽃을 불러 모을 수 있었던 역동적인 힘도, 이 목소리와 무관하지 않을 것이라고 생각했다. 그러기에 그는 아직 할미꽃 청춘이다.

할미꽃 오화자의 딸 이화는 '캐리공작소 대표 및 카페이꽃미술관 대표이다. 다양한 예술 분야를 접목시키며 창작활동 중인 캘리그라퍼'라고 자신을 소개했다. 그는 "4년 전부터 매일 같이 꽃 그림을 그리기 시작하는 엄마의 모습을 보면서 여느 유명 작가의 작품보다 훨씬 특별하다"고 느꼈단다.

기나긴 삶의 역경에 가리어져 있었던 엄마의 에너지를 뒤늦게 발견한 딸, 이화는 엄마의 꽃 그림을 오래도록 보고, 남기고 싶어 이 곳 빈 역사(驛舍)인 동목포역에 전시회를 열었던 것이다. 나는 그 효심에 숙연해졌다. 엄마의 작품은 '2022년 목포문화도시센터 장인대학 색연필화 생활 장인'에 선정되었다고 했다. 할미꽃 오화자는 내 아내의 이종사촌 언니이기도 하다.

할미꽃 오화자는 오늘도 꽃들을 신나게 불러 모아 화장하고 옷을 입힐 것이다. 그리고 "꽃은 다 이뻐야!" 이렇게 외치고 있을 것이다. '언어는 존재의 집이다.'라고 했지만 지금 할미꽃 오화자는 그림으로 자신의 존재를 증명하고 있다.

그녀의 손에 색연필이 쥐어져 있는 한, 그 에너지는 식지 않을 것이다. 그렇게 지속되기를 기원한다.

모과나무

봄날 이른 아침
창가 모과나무 가지에 연분홍 꽃망울이
봄바람 햇살을 맞으며 입술을 열었다
그 안에 샌 노란 혀가 향기를 뿜어낸다

그때 작년에 왔던 그 총각이 그게 그리워 또 찾아왔다
총각은 망설임 없이 다가가 그 노란 혀에 긴 입맞춤을 한다
잎들과 줄기가 너울질 한디
뜨거운 열기가 혓바닥 속의 향기를 한 움큼 물고 나온다
그러고는 또다시 이 혀 저 혀,
잔뜩 분칠한 후 유유히 떠나간다

여름날 어느 아침
연분홍 입술은 초록색 작은 풍선을 불고 있다

한낮에 뜨거운 햇살과 비바람이 풍선을 응원한다

시월 어느 날
초록색 작은 풍선은 샛노란 모과로 변신했다
늦가을 바람에 낭창낭창 가지가 흔들린다
모과가 창문을 두드린다
나는 창문을 열고 손을 내민다
싱그러운 촉감이 미소되어 안긴다

봄의 생명력, 여름의 성장, 가을의 수확 등 일상에서 흔히 볼 수 있는 자연의 힘을 그려 보았다.

봄바람은 햇살과 함께 푸른 숲을 가득 메우는 풍경을 연출한다. 우리 집 창가의 모과나무도 봄의 기운을 받은 듯, 연분홍 꽃망울을 하나둘씩 열며 깨어난다. 그 꽃망울을 열 때면 어디서 왔는지 여러 마리 벌이 그 주위를 맴돌다가 꽃잎 속으로 들어간다. 모과나무는 대환영하듯 잎들을 가볍게 흔든다. 봄바람이겠지! 작년에 왔던 그 녀석일까? 얼마나 진한 키스를 했는지 주둥이가 온통 노란색 분칠이다. 얼마 후 밖으로 나온 녀석은 성에 안 찼던지 옆집 아가씨 입술도 거리낌 없이 훔치고는 어디론가 사라진다. 내일 또 오려는가? 이 작은 생명들의 몸짓은 모과 열매를 맺게 하는 첫 단계다.

여름날의 뜨거운 햇살과 비바람은 열매를 키우기 위해 힘을 보탠다. 푸른 잎과 가지는 태양 아래에서 더 크고 강해진다. 벌 나비는 여전히 늦게 핀 꽃잎을 헤집고 꽃가루를 더듬는다. 자연을 열심히 수행한다.

시원한 가을바람이 나무 잎사귀를 흔들 때면 초록색 작은 모과는 서서히 노란색 풍만한 모습으로 변한다. 우리 집 창가가 풍성해진다. 그 풍만함이 나를 유혹한다. 나는 창가에 다가가서 미소로 응

답한다.

정현종 시인은 나무의 생을 이렇게 묘사하고 있다.

> 그 잎 위에 흘러내리는 햇빛과 입 맞추며/나무는 그의 힘을 꿈꾸고/그 위에 내리는 비와 뺨 비비며 나무는/소리 내어 그의 피를 꿈꾸고/가지에 부는 바람의 푸른 힘으로 나무는/자기의 생이 흔들리는 소리를 듣는다
> - 정현종,「사물의 꿈1 - 나무의 꿈」

"나무는 햇빛과 입 맞추며", "비와 뺨 비비며", "가지에 부는 바람의 푸른 힘으로" 등, 나무의 움직임과 자연의 힘을 섬세하게 예찬하고 있다. 동적動的이다. 이 시구는 우리 집 창가의 모과나무를 바라보는 나의 마음과 동일하게 다가온다.

우리 집 창가 화단에 모과나무 한 그루가 있어 해마다 그 성장 과정을 자세히 볼 수 있다. 해거리라고 하던가? 어느 해는 풍성하게 어느 해는 빈약하다. 늦가을까지 달려있던 모과는 겨울 문턱에 들어서면 서서히 오그라들고 자연히 떨어진다. 그래도 따지 않았다. 주렁주렁 달려있는 모과를 보면서 자연의 힘과 계절을 느끼는 것으로 족했기 때문이다. 여러 해 동안 그렇게 눈요기만 했다.

모든 열매가 그렇듯이, 모든 씨앗이 무거운 흙을 헤치고 새싹 되어 나온 후, 비와 거친 바람과 뜨거운 태양의 세례를 받고서야 열매를 맺는다. 그 과정이 모질게 험난하다. 그 과정은 질병과 목마름과 수해 등을 의미하기도 한다.

그 과정을 거뜬히 이겨낸 우리 집 창가의 모과나무는 삼 년 전 가을에는 보기 드물게 많이 맺혔다. 늦가을 어느 날, 모과가 창문을 두드린다. 바람이 세찼던 것이다. 그날은 창문을 열고 팔만 뻗으면 모과를 딸 수 있다는 유혹을 견딜 수 없었다. 그 노란색 모과의 튼실한 촉감! 한 바구니를 따서 아래층 집과 옆집과 나누었다. 그걸 나누는 내 손길이 따스해 짐을 느꼈다. 이 작은 것 하나에 ⋯, 그해 늦은 가을 어느 날인가, 흐뭇했던 기억이 아직 남아 있다.

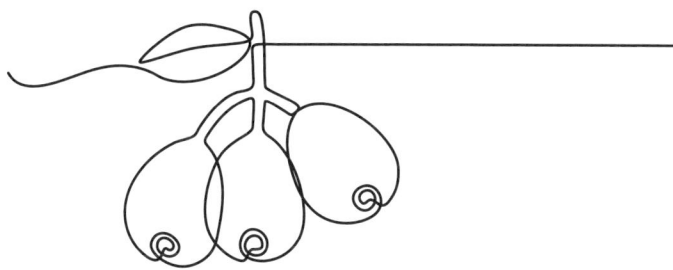

평사리 최참판댁 가는 길

부슬부슬 비 오는 날 아침
평사리 최참판댁을 향해 나섰다
마을 입구 논두렁 농부들,
건너편 밭두렁에 조그마한 농부들도
일손을 멈추고 환영의 손짓을 한다
차를 멈추고 그들에게 다가갔다

보라색, 연분홍색 한복 바지저고리 입은 청년이
악수를 청한다
흰 한복 입고 갓 쓴 청년은 꽹과리 치고
탈 쓴 남정네는 피리를 불고
색동저고리에 댕기 머리 어린 처자는
엄마 치마폭 붙잡고 커다란 눈으로 올려다본다
행렬 저 뒤쪽에는 한 노인이
벌써 술에 취한 듯 널브러져 있다

비녀 꽂은 색동저고리 아낙네들은 덩실덩실 춤춘다
화장 짙은 흰 얼굴에 지팡이 같은 긴 눈썹,
바위만 한 눈동자, 수박 같은 큰 입
저마다 개성파다 유치원생 그림이다

건너편 감나무는 바람에 장단 맞춰 춤추며
장대든 청년과 간신히 손을 잡는다
대나무 바구니를 어깨에 멘 밀짚모자 청년은
「악양대봉감축제」 큰 깃발을 펄럭이며 지나간다
솔밭 빈터에 치렁치렁 긴 머리 긴치마 처녀들은
강강술래~ 강강술래~ 흥겹다
모두 허수아비 축제다

춤추는 가을 벼들은 이밥이 성급하다
빗방울도 열매되어 가을 바구니에 담긴다

그때 먼발치 최참판댁 대문 앞에서
'금이' 할머니가 어서 오라고 손짓한다

박경리 문학관은 2016년 5월 경남 하동군 악양면 평사리에 개관되었다. 그의 대표작인 대하소설『토지』의 주요 배경이 이곳이기 때문일 것이다. 이곳에는 이미『토지』를 원작으로 한 드라마 촬영장이 소설 속의 평사리 마을을 실제같이 재현해 놓았다. 소설 속의 중요 인물인 최참판댁도 이곳에 있다. 나는 그해 가을 평사리 박경리 문학관을 찾았다.

박경리 문학관은「최참판댁 가는 길」로 인식될 정도로, 이 이정표가 곳곳에 세워져 있다. 이곳에 다다를 즈음, 넓은 논밭 사이 여기저기에서 대풍년을 맞이하는 각양각색의 축제가 벌어지고 있었다. 차를 멈추고 그들에게 가까이 갔다. 첫 만남은 삼사십 명은 됨직한 농악놀이 팀이었다. 맨 앞에 선 연분홍색 한복 바지저고리 입은 청년이 악수를 청한다. 꽹과리 치는 청년, 피리 부는 청년, 엄마 치마폭 붙잡고 있는 어린 처자, 맨 행렬 뒤쪽에는 벌써 술에 취한 듯한 노인이 논두렁에 누워있다. 한복 입은 아낙네들은 장단 맞춰 춤을 춘다. 그들의 짙은 화장색 얼굴은 유치원생 그림 같다.

건너편에는 감나무밭, '악양대봉감축제'라고 쓴 깃발을 든 청년들이 지나가고, 장대 든 청년들은 고개를 쳐들고 감 따기에 여념이 없다. 그 옆길 빈터에는 긴 머리를 딴 처녀들이 원을 그리며 강강술래를 부르고 있었다. 그들 너머에는 밀짚모자 쓴 농부들이 잠깐 벼 추수를 멈추고 손을 흔들어 보인다. 그 길 마을 입구에서도 최참판 댁 사람들이 마을 사람들과 어울려 가을 풍년 축제를 벌이고 있는 것처럼 보였다. 모두 허수아비다. 온통 환영의 물결을 재현해 놓은, '허수아비 축제'다.

  이 축제의 장을 지나 조금 올라가니 박경리 문학관에 이른다. 먼 발치에서 '금이 할머니'가 어서들 오라고 손짓하고 있었다. 거기에 있는 박경리 동상이 우리를 기다리는 듯 보였기 때문이다. ('금이'는 『토지』 작가 박경리의 본명)

  작가 박경리 선생은 토지 완간 서문에 이런 글을 남겼다.

> "지도 한 장 들고 한 번 찾아와 본 적이 없는 악양면 평사리, 이 곳에 토지의 기둥을 세운 것은 무슨 까닭인가.
> ....
> 30년이 지난 뒤에 작품의 현장에서 나는 비로소 토지를 실감했다."

  그러니까 박경리는 『토지』의 주 무대인 평사리는 한 번도 가 본 적 없이, 이 거대한 작품을 완성한 것이다. 그의 무궁무진한 문학적 상상력에 감탄할 수밖에 없다.

보수동 헌책방 골목

그때, 하늘빛이 조금만 열린 어스름한 골목에는
무시당하고, 버림받고 헤매던 영혼들이
옹기종기 모여 앉아 안식하고 있었다

한때 싱그러운 향내를 가득 머금었던 영혼들
이제는 여기저기 생채기 난 채
서로 위로 하듯 나란히 붙어 서서
힘없이 포개 누워있는 누런 영혼들
반듯하게 홀로 서 있는 새하얀 영혼들은
침묵하며 또 다른 미래를 기다리고 있었다

그때, 사뿐사뿐 찾아온 희망 빛 손길이
그들을 한 아름 안았다
그리고는 유유히 떠나갔다

그때,

학창 시절 내 낡은 초록색 가방은

달콤한 미래로 활짝 웃었다

보수동 헌책방 골목은 6.25 한국전쟁 당시, 부산이 임시 수도가 되었을 때 함경북도에서 피난 온, 한 부부가 이곳에서 처음으로 헌 잡지 등을 팔면서 시작되었다고 한다. 당시 피난 왔던 예술인들은 인근에 있는 용두산 공원을 오르내리며 피난의 시름을 달래곤 하였는데, 그때 이 골목을 드나들곤 하였단다. 이 소문이 점점 퍼지면서 잡지뿐만 아니라 학습 교과서, 백과사전, 문학지, 전문 서적 등등 다양한 분야의 헌 책들을 사거나 파는 장소로 확대되었다. 자연스럽게 점포가 늘어나게 되었고 70년이 지난 오늘날까지 그 명맥이 유지되고 있다.

나는 유년 시절부터 청소년 학창 시절까지 부산 영도에 살았다. 섬이긴 하지만 이백 미터 조금 넘는 길지 않는 다리(영도다리)를 건너면 바로 부산 시내 중심가인 남포동이 나온다. 그 길을 곧바로 걷다가 우측 작은 골목 하나를 빠져나가면 광복동이 나오고 거기에는 국제시장이 있다. 이 시장을 지나서 우측 끄트머리에 다다르면 사거리가 나오는데 이 길을 건너면 보수동과 만난다. 그 첫 좁은 길이 바로 「보수동 헌책방 골목」이다. 1960년대에도 이 골목은 이미 부산에서 널리 알려져 있었다. 특히 가난한 집안의 학생들은 거의 알고 있었을 것이다.

나는 고교 시절, 새 학년 새 학기가 되면 이곳까지 걸어 와서 내가 쓰던 교과서를 팔고 새 학년에 맞는 헌 교과서를 샀다. 우리 집은 가난했지만 어머니는 새 학기마다 새 교과서 살 돈은 주셨다. 평소에 용돈은 꿈도 꿀 수 없었지만 새 학기마다 새 교과서가 헌 교과서가 되면서 용돈이 생겼던 것이다. 어머니는 이 사실을 아시는지 모르시는지, 당시 나는 아무 거리낌이 없었다. 그때는 몰랐다. 오랜 세월이 지난 후, 중년의 나이에 들어서야 어머님께 죄송함을 느꼈다.

그때 철이 들었다면 어머니의 힘겨운 손길을 조금은 덜어 드렸을 텐데….

이 골목에 전시된 헌책들은 누군가에 의해 여기 오기까지 사연이 있었을 것이다. 그 사연은 가치의 변화일 것이다. 나는 책의 가치를 영혼으로 보았다. 그 영혼들이 이 골목에 한데 모여 있다. 한때는 소중한 대우를 받았지만, 이제는 헤지고 생채기 난 채로 이곳에 누워있거나 촘촘히 서 있다.

그렇지만 누군가의 또 다른 미래의 가치를 위해서 기다리는 모습으로 비쳤다. 그 기다림의 희망은 머지않아 이 골목으로 찾아온다. 나는 스스로 그 희망의 손길이 된다. 이 영혼들은 나의 낡은 책가방 안에서 희망을 꿈꿀 것이다. 새 학기를 맞는 나의 설렘과 함께

할 것이기 때문이다.

그때 산 헌책 중에는 아직도 내 서재의 한 귀퉁이에 몇 권이 남아 있다. 이사할 때마다 버리는 책이 있지만, 이 책만큼은 버리지 않고 있다. 고교 시절의 내 모습을 잊지 않기 위해서다.

고등국어 1, 고등국어 2가 그것이다. 지은이 겸 펴낸이 문교부 1963.3.1.과 1965.1.20이 인쇄되어 있다. 엊그제 그 책을 아주 오랜만에 꺼냈다. 샛노랗게 빛바랜 책장을 넘기니 목차에 '청춘예찬'이라는 제목이 눈에 들어온다. 첫 문장을 소리 내어 읽었다.

> "청춘! 이는 듣기만 하여도 가슴이 설레는 말이다. 청춘! 너의 두 손을 가슴에 대고, 물방아 같은 심장의 고동을 들어 보라. 청춘의 피는 끓는다."(이하생략)
>
> - 민태원 「청춘예찬」 앞부분

아~ 얼마나 설레는 문장이었던가! 읽는 이로 하여금 도도한 흐름을 느끼게 해주는 명수필로 평가되고 있다. 까마득한 그때의 기억이 되살아났다.

나의 고교 시절, 새 학년 새 학기마다 있었던 「보수동 헌책방 골목」의 추억은 '청춘예찬' 같이 설렘, 그 자체였다.

지금도 잊혀 지지 않는 추억이다.

남편의 딸이긴 하지만 키운 적도, 본 적도 없는데 어떻게 이렇게 대할 수 있을까! 순간 나는 세상에서 가장 아름다운 모습 하나가 내 가슴속으로 밀려들어 옴을 느꼈다. 나는 이 모습에 감동되어 나도 모르게 이 새엄마를 안아주었다. 옆에 있던 나의 아내도 함께 새엄마를 안고서 눈물을 흘렸다. 그 눈물은, 슬픔의 한 편에 자리 잡고 있던 인간에 대한 연민의 분출물이 아니었을까! 또다시 감동과 보람을 느끼는 순간이었다.

- 본문에서

내 가슴에 향기로 남아 있는 여인

강원도 고성에 산다는 여인
그 여인의 손에 보따리가 있다
이별의 아픔을 조금이라도 덜어낼 선물
귀걸이 팔찌 목걸이 모자 가방 화장품 김 인삼…

그 여인의 애틋한 눈망울은
처음 만나는 의붓딸에게 향한다

진정한 아름다움은 상처 속에서도 다시 피어날 향기
이별은 또다시 낙엽처럼 쓸쓸히 떨어지지만
연민은 그 자리에서 새싹을 틔운다

드러나지 않는 마음의 향기는
누구에게나 있는 것이 아닌 것을

강원도 고성에 산다는 여인

그 여인의 아름다운 향기는

아직도 그윽하다

아름답다. 이 말의 진정한 의미는 무엇일까? 나에게 이 아름다움의 의미를 새롭게 해준 한 여인이 있었다. 이름도 모른다. 다만 오십 대 중반 정도 되었으리라 짐작할 뿐이다.

내가 그녀를 처음 만난 건 3년 전 8월, 서울의 한 입양기관이었다. 강원도 고성에 산다는 그녀는 이날 남편과 함께 남편의 딸을 만나기 위해서 이곳에 온 것이다.

내가 그녀를 보았을 때 첫인상은 자그마한 키에 얼굴은 동그랗고 평범해 보이면서 소박한 느낌이었다. 화장은 연하게 하였고 머리는 깔끔하게 빗어 넘겼다. 말수도 별로 없었고 목소리는 그저 평소에 흔히 듣는 중년 여성의 목소리였다.

남편은 그녀와 결혼하기 전 이혼한 경험이 있었다. 전처에게서 난 딸이 있었는데 그 딸은 다섯 살 때 생모가 시장에 데리고 나갔다가 잃어버렸다고 했다. 그 후 백방으로 찾아다녔으나 결국 찾지 못했고 29년이 흘렀던 것이다. 그런데 우여곡절 끝에 그 딸이 미국으로 입양되었고 캘리포니아에 살고 있다는 것을 알게 되었다. 다섯 살 때 잃어버렸다는 그 딸이 29년 만에 한국에 온 것이다.

과연 부녀가 서로를 알아볼 수 있을까? 비록 29년의 긴 세월이 흘렀지만 피는 어쩔 수 없었다. 딸의 얼굴은 첫눈에 보아도 아버지의 얼굴을 닮아 있었다. 부녀가 첫 상봉하는 순간, 두 사람은 잠깐 어색해 보였으나 곧 서로를 안고 눈물을 흘렸다. 말은 통하지 않았지만 그들은 눈물로 대화하고 있었다. 아버지는 얼마나 많은 회한이 서려 있었겠는가! 딸은 곧 마음을 가라앉히고 아버지에게 평생 한으로 맺혔던 것들을 쏟아내기 시작했다.

엄마 아빠에 대한 원망과 그리움, 헤어질 수밖에 없었던 사연들, 흐릿하게 남아 있는 어린 시절의 기억들, 끝없이 말을 이어 갔다. 눈물로 범벅이 된 이 감정의 표현들이 제대로 통역되어 전달되었는지 모르겠다. 그러나 이들은 눈빛과 표정으로 대화하고 있었다.

입양인 가족들의 상봉은 흔치 않은 일이지만 그럴 때면 늘 그들과 함께 기쁨의 눈물을 흘리곤 한다. 이들을 도와야 한다는 생각으로 매년 여름이면 해외에 있는 한국 입양인들을 모국으로 초청하는 일에 참여 하였는데, 벌써 15년이 되었다. 아내와 나는 입양인들이 한국에 있는 동안, 한국인 가정에서 머물 수 있도록 주선하고 나도 그렇게 하고 있다. 한국 문화 체험을 위해 여러 지역을 방문하고, 그들을 해외로 입양시켰던 한국 입양기관도 찾아가 자신의 입양 과정을 확인하게 한다. 또 그들이 안고 있는 슬픔과 고통을 조금이나마 치유하기 위한 내적치유세미나도 마련해준다.

모 일간지 기자가 입양인들과 인터뷰한 기사를 실었다.

"대부분 입양아는 초등학교 입학 무렵 양부모로부터 입양 사실을 알게 되었다고 했다. 그때 기분이 어땠느냐고 물었더니 아무도 선뜻 대답하지 못했다.

'bad feeling', 'hate', 'different feelings', 'sad', 'surprise'

온갖 단어를 제시했지만 빙그레 웃기만 했다. 그리고 눈가에 이슬이 맺히거나 눈물을 닦고 있었다."

6.25 한국전쟁 이후 지금까지 17만 여명의 아기들이 미국이나 유럽 등 여러 나라로 입양되었다고 한다. 이렇게 수많은 한국의 아기들이 모국을 떠나 해외에서 성장하고 정착해 있는 것이다.

그들은 성장하면서 얼마나 외로움과 그리움의 눈물을 흘렸을까! 자신이 태어난 한국이 어떤 나라인지 얼마나 궁금할까!

자기를 낳아주신 부모를 원망하면서도 얼마나 보고 싶을까! 원망이 아무리 깊어도 그리움을 이길 수는 없다. 그래서 많은 해외입양인들이 모국을 찾는다. 부모 형제를 찾는다.

그날 가족들은 식사를 같이하고 두 시간 여 만에 헤어져야 했다. 감격과 흥분은 짧았고 침묵의 시간이 길게 흘렀다. 순간 딸의 얼굴에는 또다시 안고 살아가야 할 외로움의 그림자가 보였다. 아버지로부터 포근한 위로의 말을 기대했을 것이다. 그러나 그것은 언어의 장벽에서 오는 어색한 표정일 뿐인데, 딸은 무덤덤한 아버지의 반응에 매우 섭섭해하는 표정이었다.

  이날 함께한 전라도에 살고 있다는 두 살 아래 여동생은 언제 또다시 만날지 모른다면서, 언니와 하룻밤을 같이 지내고 싶다고 하였다. 나는 흔쾌히 우리 집에서 두 자매와 여덟 살 조카도 함께 하룻밤을 묵도록 하였다. 모든 사람은 그의 가족들과 함께 모여 행복하게 살아갈 권리가 있는데, 어떤 사람들에게는 왜 이것이 허용되지 않는 것일까? 나는 이튿날 아침, 헤어지는 두 자매의 모습을 보면서 또다시 한 인간의 슬픈 운명을 보았다.

  그런데 그날 이후 나흘째 되는 날, 그 입양인의 아버지에게서 전화가 왔다. 이대로는 헤어질 수 없으니 다시 만나게 해 달라는 부탁이었다. 나는 뛸 듯이 기뻤다.

  해외 한국 입양인을 모국으로 초청하는 일은 3주간의 일정으로 짜여 있기에, 이 부녀에게는 시간이 많지 않았다. 그러나 이 만남의 소중함을 알기에 나는 남아 있는 일정을 뒤로하고 다시 이들을 만나게 했다. 두 번째 만남의 장소는 우리 집으로 정했다.

  다시 아버지를 만난 딸은 기뻐서 어쩔 줄 몰라 했다. 아직도 궁금

한 점이 많이 남아 있는지 질문은 계속 이어졌다. 아버지 직업은 무엇이며, 학교는 어디까지 다녔으며, 어디에 살았으며, 첫 만남에서 물었던 내용을 또다시 묻고, 또 묻고 하였다. 어머니에게 사랑한다고 말했는지도 묻는다. 어렸을 때 자신의 모습이 모두 궁금했을 것이다. 나는 부녀의 대화를 들으면서 옆에 앉아 있는 새엄마의 표정을 보았다. 새엄마가 되는 입장에서 남편의 과거를 듣는 것은 퍽 즐겁지는 않았을 것이다. 자신도 첫 결혼에 실패한 뒤, 여러모로 쓰라린 경험을 겪었을 것이다. 그래서 지금의 남편과 가정생활을 잘 유지하고 싶은 마음이 간절했을 것이다. 이 여인은 남편과 딸의 대화를 진지하게 듣고 있었다. 나는 그때 여인의 얼굴에서 연민의 눈망울을 보았다.

어느 정도 대화를 하고 난 후, 이 여인은 의붓딸에게 줄 선물 꾸러미를 풀어 놓기 시작했다. 목걸이, 귀걸이, 팔찌, 모자, 가방 등 그리고 미국인 사위에게 줄 화장품과 셔츠, 신발 등도 꺼내 놓았다. 하나씩 꾸러미를 풀어 놓으며 딸이 알아듣지 못하는 한국말이지만 차근차근 설명했다. 딸은 고개를 끄덕이며 선물 하나하나를 만져보며 기뻐했다. 친정어머니처럼 바리바리 싸 온 김과 인삼도 있었다. 마치 자기가 낳은 친딸 대하듯 목걸이와 팔찌를 걸어주고 끼워주며

모자도 씌워주었다. 29년 만에 만나는 딸인데 이 정도는 해야 한다면서 남편이 말하는 것보다 더 많이 사게 되더라고 했다. 남편의 딸이긴 하지만 키운 적도, 본 적도 없는데 어떻게 이렇게 대할 수 있을까! 순간 나는 세상에서 가장 아름다운 모습 하나가 내 가슴속으로 밀려들어 옴을 느꼈다. 나는 이 모습에 감동되어 나도 모르게 이 새엄마를 안아주었다. 옆에 있던 나의 아내도 함께 새엄마를 안고서 눈물을 흘렸다. 그 눈물은, 슬픔의 한 편에 자리 잡고 있던 인간에 대한 연민의 분출물이 아니었을까! 또다시 감동과 보람을 느끼는 순간이었다.

많은 해외 입양인들은 부모에 대한 원망도 있지만 한편으로는 가슴 저미는 그리움과 외로움을 안고 살아간다. 부모의 얼굴을 상상으로 그려 보며 언젠가는 만나게 될 날이 올 것이라는 가느다란 소망을 안고 살아간다. 그러나 나는 이들을 볼 때마다 이들의 소망에 부응할 능력이 부족하였고, 이들의 외로움과 고통을 함께할 넓은 마음이 부족함을 느낀다.

그날 이 여인의 아름다운 마음을 만난 것은 내 삶에서 큰 행운이었다. 지금도 그때 그 여인의 모습이 내 가슴에 향기로 남아 있다.

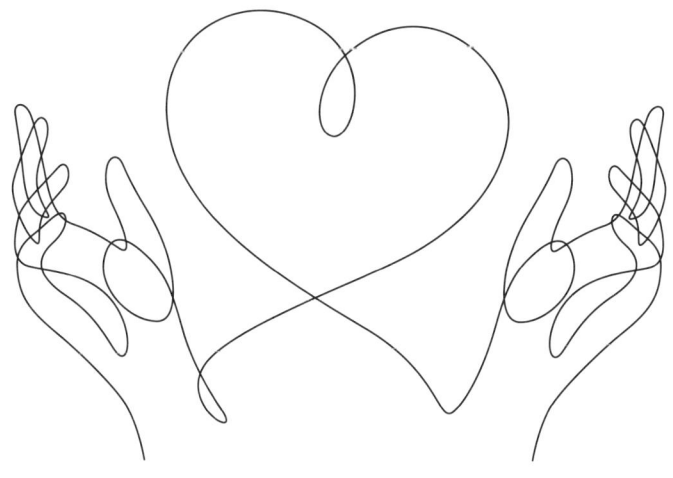

우리 집에 온 지 60년이 지난 재봉틀!

일찍이 홀로되신 어머니는 재봉틀이 당신의 분신과도 같은 소중한 물건이었다. 그것은 어머니의 외로움과 고달팠던 삶을 견디어 내게 하는 동반자 역할을 하였기에 그렇다.

지금은 낡고, 녹슬어 쓸 수 없지만 그래도 나는 이것을 버릴 수가 없다. 여전히 그 안에는 어머니의 사랑과 희생과 땀이 묻어있고, 나의 어린 시절이 함께 들어 있기 때문이다.

- 본문에서

재봉틀 -사모곡1-

나의 어린 시절 우리 식구의 생명줄
밤늦도록 '드르륵드르륵' 재봉틀 소리는
어머니의 노래
그 노래는 자장가 되어 포근한 아침을 맞곤 했다

구제품 옷을 덧대고 고치면 새로 태어나는 옷
내 몸에 딱 맞는 모양새에 미소 지으시던 어머니
재봉틀은 어머니의 사랑의 흔적

가위질로 굳어지신 손가락 마디마디
바늘에 찔린 상흔들
재봉틀은 어머니의 희생의 흔적

때로는 고장 난 재봉틀을 고치시던

기름때 묻은 손가락

재봉틀은 우리 식구를 건사하던 단추

일찍이 홀로되신 어머니의 동반자

이제는 낡고 녹슬어 쓸 순 없어도

여전히 그 안에는 어머니의 사랑과 희생과 땀이

나의 어린 시절이, 함께 들어 있다

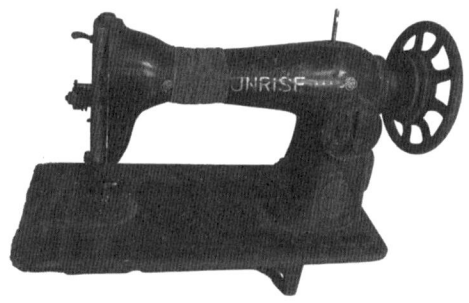

내가 초등학교 시절부터 어머니는 재봉틀 삯바느질로 돈을 버셨다. 주로 아낙네가 집에서 편이 입을 수 있는 '몸뻬 바지'라는 옷을 만드는 일이었다. 이 옷은 바지 같이 생겼지만, 허리에는 고무줄을 넣어 신축성이 있고 바짓단은 걸을 때 거추장스럽지 않게 좁다. 엉덩이와 바지통은 넓게 만들어 활동하기에 편한 옷이다.

지금은 이런 옷은 거의 사라졌지만 그 당시에는 값도 싸고 입기에도 편해 노소를 불문하고 많은 여인들이 입었다. 특히 재래시장에서 장사하는 여인들이나 시골에서 밭일하는 아낙네들이 많이 입었다.

어머니에게 삯바느질을 맡기신 분은 어머니보다 스무 살 정도는 더 많음 직한 옆집 할머니였다. 그 할머니가 이 '몸뻬 바지'를 몇 벌 만들어달라고 주문하시면 어머니는 그 옷을 만들어 주고 삯을 받으셨다. 옆집 할머니는 연세도 많으셨지만 어린 내가 보기에도 장사 수완이 좋아 보였다. 물건이 잘 팔릴 때는 자연적으로 그 일감이 어머니에게로 많이 왔다. 그 할머니가 기분 좋게 왔다 가신 날이면, 어머니는 밤늦게까지 재봉틀을 돌리셨다.

재봉틀은 언제인지 모르지만, 우리 집에 들어왔다. 당시에 우리 집 형편으로는 재봉틀을 살 수 있는 능력이 전혀 없었다.

나중에 알고 보니 외숙이 사주신 거였다. 당시 외숙은 이북에서 대학도 다니셨고 피난 내려와 어찌어찌하여 생활에 여유가 있었다. 어머니는 친정 오빠에게 아이들과 먹고 살려면 무엇보다 재봉틀이 필요하다고 하였다. 그래서 발재봉틀이 우리 집에 들어왔고 그것이 우리 가족의 생계 수단이 되었던 것이다.

그때까지 분명 어머니는 재봉틀을 사용할 줄도 몰랐을 것이다. 그런데 어떻게 그렇게 빨리 숙달하셨을까? 타고 나신 것 같았다. 어머니는 재봉틀 솜씨가 좋으셔서 몸에 맞지 않는 구제품 옷은 손수 고쳐서 우리 남매를 입히셨다. 그래서 나와 내 여동생은 유년 시절에 거의 구제품 옷을 입고 다녔다.

명절이 다가오는 달에는 일감이 밀려 '몸뻬 바지'를 하루에 수십 벌은 만들어야 했다. 나는 초등학교 어린아이였지만 바쁜 어머니의 일손을 돕기 위하여 완성된 '몸뻬 바지' 허리에 고무줄도 넣었고, 실 타래를 실패(실감개)에 감는 일도 하였다. 사실 그 일은 그리 어려운 일이 아니었고 매일 있는 일도 아니었는데, 어떤 때는 이게 싫어서 짜증을 내고 밖으로 나가 버리기도 하였다. 지금 생각하면 어머니를 속상하게 한 날들이 많았다.

어머니는 우리 남매를 옆에 재우고 밤늦도록 재봉틀 돌리는 날이 많았다. '드르륵, 드르륵' 소리는 어느새 어머니의 노래가 되었다. 그 노래는 자장가가 되어 우리 남매를 잠들게 하곤 하였다. 어머니의 손가락 마디마디는 가위질로 굳은살이 박여 있었고 손가락 곳곳에는 재봉틀 바늘에 찔린 자국도 있었다. 어떤 때는 재봉틀이 고장이나 이곳저곳을 기름칠하시며 손수 고치시기도 하였다. 그때 어머니의 초롱한 눈동자와 기름때 묻은 손가락도 잊을 수 없다.

우리 집에 온 지 60년이 지난 재봉틀!
일찍이 홀로되신 어머니는 재봉틀이 당신의 분신과도 같은 소중한 물건이었다. 그것은 어머니의 외로움과 고달팠던 삶을 견디어 내게 하는 동반자 역할을 하였기에 그렇다.
지금은 낡고, 녹슬어 쓸 수 없지만 그래도 나는 이것을 버릴 수가 없다. 여전히 그 안에는 어머니의 사랑과 희생과 땀이 묻어있고, 나의 어린 시절이 함께 들어 있기 때문이다. 언제가 내 자식이 재봉틀에 관해 물어오면 나는 이 사연을 들려주고 내가 죽더라도 이 재봉틀을 오래 간직해달라고 말하고 싶다.

> 하늘나라에 가 계시는/엄마가/하루 휴가를 얻어 오신다면/
> 아니 아니 아니 아니/반나절 반 시간도 안 된다면/단 5분/
> 그래, 5분만 온대도 나는/원이 없겠다 …

- 정채봉, 「엄마가 휴가를 나온다면」 부분

  시인은 돌아가신 엄마가 하늘나라로 휴가 가셨다고 생각한다. 오랫동안 볼 수 없는 엄마가 얼마나 그리운지! 단 5분만이라도 보면 원이 없겠다고 하는가! 나도 지금 시인의 심정과 같다.
  밤늦도록 '드르륵, 드르륵' 재봉틀을 돌리시던 어머니의 모습이 지금도 애달프게 그립다. 지금 계신다면 당장 달려가 어깨를 주물러드리고 싶다.

보수동 고갯길 -사모곡 2-

보수동 산 중턱 우리 집
가파른 골목 계단을 몇 번은 쉬었다 올라야 한다
해 질 녘이 되면 저 밑에서 아슴푸레
엄마의 모습이 보인다
보따리 장사 물건을 머리에 이고 힘들게 올라오신다

동무들과 놀다가 어둑해지면
저 계단 밑을 내려다본다
네 살짜리 여동생은 하루 종일 엄마 찾으며 운다
엄마 빨리 와~, 엄마 빨리 와~
육십 년이 지난 지금
그 울음소리는 기억 속에서도 운다

그때는 엄마만 있으면 되었다. 기다리면 되었다

그때 엄마는 아직 이십 대, 나는 엄마를 몰랐다
전쟁이 얼마나 엄마를 힘들게 했는지를
아! 어찌 이제야 깨닫는가!

지친 몸으로 이 고갯길을 올라오시던 우리 엄마
엄마 떠나신 지 삼 년 사 개월
이제 엄마는 오시지 않는다

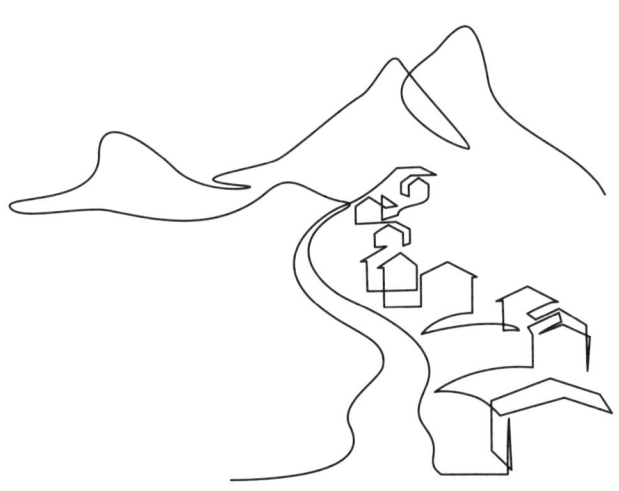

나는 6.25 한국전쟁 중에 피난민으로 대전에서 1년 반을 살았다. 어느 날 우리 세 식구는 기차를 타고 부산역에 내렸다(사실 대전과 부산이라는 지명은 훗날 나이 들어 알았다) 어두움이 짙게 깔린 늦가을이었던가? 훗날 제법 나이가 들어서 알았지만, 어머니도 처음 부산에 오신 것이다. 우리가 기거할 곳은 어디며, 그곳을 어떻게 찾을 것인가? 매우 불안하고 당황하셨을 것이다. 어쨌든 그 밤중에 어머니를 따라 어디엔가 도착했다. 아침에 일어났더니 판자로 지은 이층집이었다. 이 판잣집은 보수동 산 중턱에 있었는데 여러 세대가 함께 살 수 있도록 지어진 집이었다. 나중에 알게 되었지만, 이곳은 전쟁 미망인과 그 자식들을 위해 '선명회'라는 곳에서 지어 준 집이라 했다.

우리 식구 셋은 이곳의 또 다른 미망인 가족들과 함께 편안히 살게 되었다. 이렇게 기거할 집은 마련되었지만, 식량을 얻기 위해 돈을 벌어야 했다. 낯선 곳, 아무도 살아갈 방법을 가르쳐 주지 않았기에 어머니는 대전에서 했던 것처럼 또다시 행상 길을 나섰다. 어린 나는 아침마다 보따리를 머리에 이고 나가시는 어머니를 저녁때까지 기다려야 했다. 내 여동생은 거의 하루 종일 울면서 엄마를 찾았다. "엄마 빨리 와~~" 또래 아이들은 울보라고 놀려대곤 했다. 나는 내 또래 아이들과 어울려 놀다가 해 질 녘쯤 되면 저 밑, 아슴푸레 보이는 계단 끝을 내려다본다. 한참 동안 보고 있노라면 어머니는 나타나셨다. 머리에 흰 보따리를 인 어머니는 가파른 고갯길을 힘겹게 올라오시곤 했다. 만나서 기쁘기만 했지, 어머니의 고달팠던 일상을 그때는 몰랐다. 그때 어머니는 아직 이십 대 청춘이었다. 전쟁은 끝났지만, 헤어진 남편 소식은 없다. 언제 만날 수 있을는지, 이 어린 두 자식을 어떻게 키울 것인지, 그 막막하고 힘든 세월을 어떻게 견디어 내셨는지 나는 어머니의 심정을 정말 몰랐다. 하나도 몰랐다. 희망이라는 단어는 우리에게는 없었을 것이다. 하루하루를 그저 막연하게 버티어 낸 것뿐이다. 지나온 세월을 돌아보면 애처롭기만 했던 어머니!

나이 들어서도 한참 지난 후에야 깨닫게 되었다. 나는 그렇게 늦게 철이 들었다.

김종삼의 시 「엄마」는 나의 어린 시절, 내 엄마의 모습을 그대로 그리고 있다.

> 아침엔 라면을 맛있게들 먹었지/엄만 장사를 잘할 줄 모르는 行商이란다/너희들 오늘도 나와 있구나 저물어 가는 山허리에//내일은 꼭 하나님의 은혜로/엄마의 지혜로 먹을 거랑 입을 거랑 가지고 오마//엄만 죽지 않는 계단

-김종삼,「엄마」

그 당시에 라면은 없었지만, 엄마는 아침에 남긴 꽁보리밥을 종지에 담아 놓았다. 우리 남매는 그걸 점심으로 먹었다. 아침을 먹인 엄마는 날마다 보따리 장사를 나가시곤 하셨다.

이 시 「엄마」와 같이 나의 엄마도 '장사를 잘할 줄 모르는 行商'이었을 것이다. 그래도 엄마는 날마다 행상하러 나가셨다. '저물어 가는 山허리'에서 엄마를 기다리는 모습이 바로 우리 남매의 모습 그대로다. 엄마는 우리 남매가 '먹을 거랑 입을 거랑'을 사가지고 그 가파른 계단을 오르내렸다. 기다리면 되었다. 그러기에 그땐 나의 '엄만 죽지 않는 계단'이었다.

나는 2년 전 이곳을 찾았다. 기억 속의 보수동은 흔적도 없이 사라졌지만, 그때의 가파른 고갯길 원형만은 남아 있다. 나는 잠시 동안 계단에 걸터앉아 그때의 어린 시절로 돌아갔다. 가물가물하는 계단 끝 아래를 내려다보면서, 해 질 무렵 이 고갯길을 힘들게 오르시던 어머니의 모습을 회상했다.

"여자는 약하다. 그러나 어머니는 강하다"라는 말은 사실임을 절감했다. 엄마가 보고 싶다.

세월이 잠깐이다 -사모곡 3-

어머니는 봄을 일흔 번 맞으셨다
어머니는 여름을 일흔 번 맞으셨다
어머니는 가을을 일흔 번 맞으셨다
어머니는 겨울을 일흔 번 맞으셨다

아범! 세월이 잠깐이다

또 어머니는 봄을 여든다섯 번 맞으셨다
또 어머니는 여름을 여든다섯 번 맞으셨다
또 어머니는 가을을 여든다섯 번 맞으셨다
또 어머니는 겨울을 여든다섯 번 맞으셨다

아범! 세월이 잠깐이다

또 어머니는 여든여섯 번째 봄을 맞으셨다

어머니는 여든여섯 번째 여름을 맞이하러 집을 나섰다

어머니는 홀로 여름, 가을, 겨울, 봄을 열 번째 맞으셨다

이번엔 내가 어머니! 참 세월이 잠깐이네요

그렇지!

액자 속의 어머니는 말없이 말을 건넨다

세월이 잠깐이다

나는 아프게 깨달았다

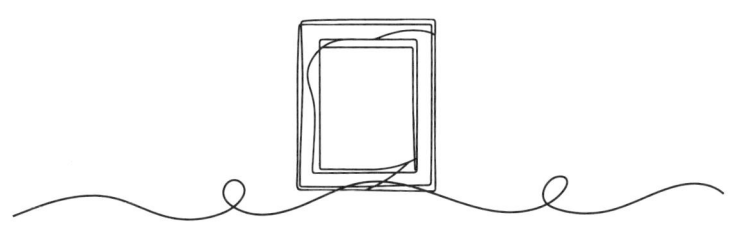

나는 어머니 10주기를 맞이할 무렵에야 깨달았다. '빠르다'의 최상급은 '잠깐'임을.

어머니는 언젠가부터 식탁에 앉으셔서 나를 보시며 "아범, 세월이 잠깐이다"라고 말씀하시곤 하셨다. "네 그렇지요", 나는 별다른 생각 없이 그렇게 말하곤 하였다. 아마도 어머니는 나의 힐끗힐끗한 흰 머리카락과 목덜미에 주름살을 보시며 내 아들이 벌써 저렇게 되었나! 또 지난날을 회상하셨을 것이다. 어머니는 6.25 전란에서 친정 부모님과 여동생, 남편과의 생이별, 그리고 굶주림과 추위를 겪으시면서 기적같이 살아남으셨다. 그러나 그것이 끝이 아니었다. 세 살배기인 나와 갓 태어난 여동생을 키워 내야 하는 고난과 역경의 시작이었다. 어머니의 젊은 날의 생은 그냥 그대로 험난한 세월이었다.

그 세월을 견디어 내시고 지금은 그 자식들이 성장해서 가정을 이루고 비교적 평온한 삶을 함께 살고 있는 모습을 보시면서, 어찌 만감이 교차하시지 않았겠는가!

"아범, 세월이 잠깐이다"라는 말씀 속에는 지나온 날들, 당신이 겪어야 했던 힘겨운 삶의 여정이 함축된 것을. 그때는 몰랐다.

> 나 하늘로 돌아가리라/새벽빛 와 닿으면 스러지는/이슬 더불어 손에 손을 잡고//나 하늘로 돌아가리라/노을빛 함께 단둘

이서/기슭에서 놀다가 구름 손짓하면은//나 하늘로 돌아가리
라/아름다운 이 세상 소풍 끝나는 날,/가서, 아름다웠더라고
말하리라…

-천상병,「귀천」

시인은 죽음을 부정하거나 회피하지 않는다. 원망하거나 아쉬워하지도 않는다. 죽음을 자연스럽게 받아들이며 승화시키고 있다.

소풍과도 같은 이 잠깐인 삶에서 떠나는 날, "나 하늘로 돌아가리라" 선언하는 시인의 성스러운 모습에서, 나는 어머니의 귀천 하시던 날을 떠올렸다.

그날 어머니의 두 눈에서는 눈물이 흘러나왔다. 그 눈물 속에는 잠깐인 세월에서 저 영원한 곳, 하늘을 향하여 가는 이별의 표시인 것을, 나는 몰랐다. 그때 나는 생애 처음으로 삶과 죽음과의 간격에 시시 어찌할 바를 몰랐다. 그저 텅 빈 심장에는 슬픔의 결정체인 듯, 뜨거운 수액을 쏟아내며 극도의 외로움을 경험했을 뿐이다. 이제와 생각해 본다. 훗날 그때가 오면 나도 "이 세상 소풍 끝나는 날/가서, 아름다웠더라고" 말할 수 있을까.

죽음은 생명주기의 한 부분인 것을, 그러기에 아직 남아 있는 삶을 소중하게 살아야겠다는 것뿐이다. 세월은 잠깐이므로.

자신의 일이나 생활이 앞으로 영원히 편안해지는 건 있을 수 없다. 마음의 평온도 마찬가지다. 자신의 마음이 이제부터 쭉 편안해지는 경우는 없다. 마음 하나를 평온하게 만드는 것도 일일이 싸워서 얻어내야 한다. 심지어 그 싸움은 매일 이어진다.

- 헤르만 헤세 〈나르치스와 골드문트〉

다시, 삶의 길목에 서서

삶은 내 조그마한 정원에 씨앗을 뿌리는 일
언제 싹이 날지, 꽃이 필지
기다리고 가꾸고 사랑하는 것

봄바람에 생기 돋고
여름 햇살엔 환희로 가득 차고
가을엔 감사로 화답하며
겨울이 오면 담담히 쉰다

빛이 있으면 그림자도 있듯
풍요로운 날이 있으면 가난한 날도 있으리
웃음이 스며든 자리 곁엔
언제나 눈물도 있다

기쁨도 슬픔도 한순간의 소나기일 뿐
오만하지도 절망하지도 않으리

창조주여!
조그마한 내 정원에
건강과 지혜의 은총 내려주소서

아모르파티!,
다시, 삶의 길목에 서서
나의 정원을 가꾸리라

새천년을 맞은 지 벌써 사반세기가 지나가고 있다. 세월이 쏜살같다는 말이 요즈음 들어 점점 더 실감한다. 이 기간에 무엇을 하며, 무슨 생각을 하며, 어떻게 살아왔나 반문해 본다. 엊그제 같은데 인생의 사 분의 일이 지나가 버렸다. 어처구니없게도 내가 백 살을 산다고 가정했을 때 그렇다. 중년을 넘어서면서 급속히 빨라지는 세월을 실감하지만 그 이후부터는 눈 깜짝할 사이에 지나간다는 말이 공감된다. 나이 들어가면서 시간의 속도가 걷잡을 수 없이 빨리 지나가는 느낌을 받는 이유를 몇 가지로 설명하는데 그중 하나가 이렇다.

살아온 기간의 비율(시간對比)에 따라서 느끼는 시간의 속도가 다르다는 설이다. 즉, "많은 일이 일어나지 않는 단순한 열 살 아이는 일 년을 인생의 십 분의 일로 느끼고, 이 일 저 일 정신없이 바쁜 오십 세의 남자는 일 년을 인생의 오십 분의 일로 느낀다. 나이 든 사람에게는 모든 일이 습관적으로 반복되면 순간은 느끼지 못한 채 지나간다. 같은 일이 반복되면 그 일은 자동으로 습관화되어 의식을 느끼지 못하고 지나가는 것이다."*

충분히 공감되는 말이다. 알 수 없는 생의 남은 기간을 생각하면 뭔가 쫓기는 기분이 들 때가 많다. 앞으로 특별한 과업을 계획하는 것도 없으면서 막연하게 그렇다. 그렇다면 이 느낌을 줄이려면 어

---

* 권택영 『생각의 속임수』, 글항아리, 2018.

떻게 해야 할까. 시간을 천천히 가게 하는 방법은 없을까?

우리 가요 「고장 난 벽시계」 가사가 생각난다.

> ············
> 청춘아 너는 어찌 모른 척하고 있느냐? 나를 버린 사람보다 니가 더욱 무정하더라. 뜬구름 쫓아가다 돌아봤더니 어느새 흘러간 청춘 고장 난 벽시계는 멈추었는데 저 세월은 고장도 없네.
> - 윤중민 작사 「고장 난 벽시계」 부분

세월이 흘러가지 못하도록 고장 낼 수는 없을까! 고장 난 벽시계같이. 아무리 아쉬움만 남아도 쓸데없는 망상이다.

'새천년을 맞이할 때는 무언가 더 좋은 미래가 펼쳐질 것이다. 자아실현이라는 꿈이 하나씩 이루어질 것이다.' 막연한 생각을 가졌었다. 그 세월이 25년이다. 물론 그동안 크고 작은 일들은 있었지만 어찌어찌하여 겪어냈다. 반복되는 일상에는 나름 매진하긴 했다. 그러나 돌아보면 게으름과 나태함이 내 전신을 묶어 두었던 시간도 태반이었음을 후회한다.

노래 가사 같이 세월은 '고장 난 벽시계' 같을 리 없으며, 열 살 어린아이같이 일 년을 전 생애의 십 분의 일로 길게 느끼며 살아갈 수는 없는 노릇이다. 지금부터라도 무엇인가 방도를 세워야겠다고 생각해 본다.

"인간의 마음은 어떤 생각을 자주 하느냐에 의해 그 모양을 갖춰 간다. 인간의 영혼과 정신은 생각에 의해 착색되기 때문이다." 마르쿠스 아우렐리우스의 명상록에 나오는 말이다. 그렇다면 나는 어떤 생각을 자주 했으며 내 영혼과 정신은 어떤 색으로 착색되었을까.

"마음은 생각하는 대로 물들고 우리의 삶은 마음이 가는 곳으로 물든다."*고 했으니 나의 삶은 무슨 색으로 물들어 있을까? 파란색일까? 노란색일까? 아니면 하얀색일까? …

그냥 그럭저럭 별로 특별한 생각과 내놓을 만한 업적 없이 살아왔으니 내 삶의 색깔은 무채색에 가까울 런지 모른다.

자동차에는 내비게이션이 있어서 가야 할 방향을 알려 주지만 인생에는 그런 게 있을 수 없다.

'인간에게는 각자의 길이 있다. 모두를 위한 단 하나의 길은 존재하지 않는다.'라고 한 니체(F W Nietzsche)의 말과 같이 삶은 또한 너무나도 변화무쌍하고 저마다 마주하는 무게가 다르기 때문이다.

어떤 생각을 하며 어떻게 살아야 할까? 아직도 모르겠다. 아마 앞으로도 알 수는 없을 것 같다. 그러나 세상일이 아무리 힘들고 어

---

* 라이언 홀리데이·스티븐 핸슬먼 지음/장원철 옮김『하루 10분, 내 인생의 재발견』스몰빅미디어, 2018.

려워도 견디어 내야 하는 일들이 있다. 다만 삶의 현장에서 그때그때 마주하게 되는 일은, 임기응변臨機應變으로 맞서게 될 뿐이다. 그게 최선이든 아니든 결과는 여전히 모를 일이다.

'인간의 삶은 이런 거다'라는 의미로 톨스토이는 자신의 고백록에서 동양 우화 하나를 소개하고 있다.
"어떤 나그네가 혼자서 들길을 가다가 맹수를 만났다. 살기 위해 전력으로 도망친다. 그 맹수에게 물리기 직전 우물을 발견하고 그 속으로 뛰어들었다. 마침 그 안에는 나뭇가지가 걸쳐있어 그것을 붙잡을 수 있었다. 한숨 돌리고 나서 위를 올려다보니 여전히 맹수가 으르렁대고 있다. 일단 위기는 모면 했지만 우물 밑을 보는 순간 경악한다. 거기에는 용이 혀를 날름거리고 있지 않은가. 나그네는 어쩔 수 없이 나뭇가지에 매달려 목숨을 유지할 수밖에 없다. 그런데 얼마 후 위를 올려나보는 순간 또다시 경악한다. 검은 생쥐와 흰 생쥐가 번갈아 가며 자신이 매달려 있는 나뭇가지를 갉아 먹고 있지 않은가. 점점 죽음의 시각이 다가오고 있다. 우물 밖으로 나가면 맹수에게 잡아먹힐 것이고 밑으로 내려가면 용의 밥이 될 것이다. 목숨을 부지하고 있는 나뭇가지는 이미 반쯤 잘려 나갔다. 나그네는 목숨이 얼마 남지 않음을 직감한다. 그때였다. 바로 나그네의 머리 위 나뭇가지에서 꿀벌들이 꿀을 치고 있는 소리가 들렸다. 나그네는 나뭇가지에 매달린 채 머리를 들고 잎사귀에 묻어있는 몇 방울의 꿀을 핥아먹기로 했다. 죽을 때 죽더라도 꿀은 먹어야 한다고 생각했던 것이다."

톨스토이는 말을 이어 간다. '죽음의 용, 삶을 지탱해 주는 나뭇가지를 갉아 먹는 생쥐, 꿀의 달콤함, 죽음의 공포를 감추어 온 삶의 쾌락. 이것은 우화가 아니다. 누구나 알고 있는 우리 인생의 모습이다.'라고 말한다. 그는 인간의 필연적인 죽음, 그 공포에서 벗어날 길이 없음을 인식한다. 그래서 톨스토이는 그 두려움에서 벗어나기 위해 오히려 자살을 시도했던 적이 있었다고 고백한다.

우리의 삶이 이런 것이기에 톨스토이는 어떻게 살아야 할까 고백하면서도 딱히 '이것이다'라고 명확한 답을 제시하지는 못한 것 같다.

삶은 이렇게 다양하고 예측할 수 없음은 분명하다. 그러기에 러시아의 문호 푸슈킨도 삶을 이렇게 노래하고 있다.

> ....
>
> 삶이 그대를 속일지라도/슬퍼하거나 노하지 말라/우울한 날들을 견디며 믿으라/기쁨의 날이 반드시 찾아오리니//마음은 미래에 사는 것/현재는 슬픈 것/모든 것은 순간적인 것, 지나

가는 것이니/그리고 지나가는 것은 훗날 소중하게 되리니//삶이 그대를 속일지라도/슬퍼하거나 노하지 말라/설움의 날들 참고 견디면/기쁨의 날이 오고야 말리니.

- 푸슈킨「삶이 그대를 속일지라도」부분

푸슈킨은 삶의 고통과 슬픔, 우울과 분노를 말하면서 끝내는, 희망과 기쁨을 노래하고 있다. 삶의 희망가라고 해도 좋을 것 같다. 보통의 사람들이 살아가면서 공감되는 부분이 많기에 많은 사람들로부터 사랑받는 시다. 읽을 때마다 삶을 돌아보게 한다.

그렇다. 삶에는 괴로움과 즐거움, 외로움과 기쁨이 서로 붙어 있다. 예고 없이 서로 교차하면서 나타난다. 때로는 헤어나기 힘든 우울증에 빠져 있다가 가까스로 헤어나기도 한다. 삶에는 슬럼프라는 웅덩이가 존재하기 때문이다. 이런 아이러니가 있음을 염두에 둔다면 조금은 강해지지 않을까.

새천년을 맞은 지 벌써 사반세기가 지나고 있다. 열 살 아이처럼 삶의 속도를 길게 느끼며 살 수는 없다. 세월은 이 순간에도 쏜살같이 무정하게 지나가고 있다.

붙들어 맬 수도 없는 세월! 톨스토이의 동양 우화같이 항상 죽음 앞에 직면해 있는 우리의 인생!

나는 이미 가버린 세월로 어쩔 수 없이 기로耆老에 서 있다. 기로耆老는 단순히 나이들은 사람만을 뜻하지는 않는다. 나이들은 만큼

덕이 높은 사람을 뜻하기도 한다. 나는 그만큼 덕을 갖추었나? 그건 전적으로 내 책임이다.

아~ 어찌할까! 때로는 아쉬움과 초조함이 엄습해 오곤 한다.
삶이 그대를 속일지라도, 참고 견디어야 할까?
그래야 한다.
나는 가끔 아모르파티! 마음속으로 외치며,
다시, 삶의 길목에 서 있는 나를 본다.

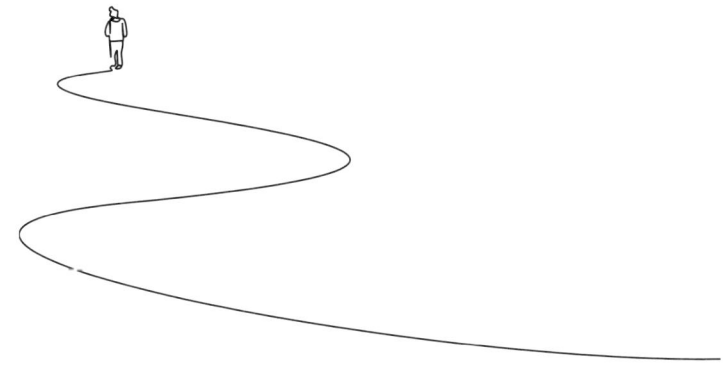

요한 밥티스트 메츠는 『그리스도교, 부르주아의 종교인가 민중의 종교인가』에서 "히틀러의 아우슈비츠는 하나님의 침묵이 무서운 것이 아니라, 인간의 침묵이 더 무섭고 이해 불가능하다."라고 탄식했다. 전쟁이라는 명분으로 인간의 잔혹한 행위가 아무 거리낌 없이 자행되었던 아우슈비츠 수용소!

이 사악한 역사의 현장에서 인간은 어떻게 하여야 하는가.

결코 불의에 침묵하지 않았던 두 인물, 행동하는 인도주의자 '오스카 쉰들러'와 행동하는 신학자 '디트리히 본회퍼'를 추상抽象 했다.

- 본문에서

아우슈비츠 수용소 입구 전경

불의에 침묵하지 않았던 두 인물
- 아우슈비츠 수용소 단상斷想 -

검붉은 하늘 아래,

녹슨 철길 따라 드리워지는 죽음의 그림자

생명이 죽음을 마주하며 속절없이 무너져 간 그곳

아우슈비츠의 철문이 열린다

성냥갑 속 생명들은 굶주림과 고문

절망과 죽음 그것뿐이다

철조망 울타리 사이로 흘러나오는 처절한 비명

악마의 손들이 잡아끄는 생체실험실은

쉴 틈 없이 생명을 빼앗아 갔다

그들의 유품들은 과거의 행복과 희망을 말하려는 듯

그러나 죽음의 징표가 되었다

그 헤어진 징표는, 이젠 더 이상 미소 짓지 않는다

사랑하는 이들의 얼굴도, 마음에 간직했던 풍경들도
잔악한 무리들 앞에서 모두 소멸되어 버렸다

분노와 죽음이 머무는 이곳은 빛이 없는 어둠의 세계
신은 이곳을 철저히 외면했다

고통과 슬픔이 한데 묶여 죽음의 웅덩이가 된 아우슈비츠여!
어둠의 역사를 고스란히 안고 있지만,
그 너머로 존재하는 빛을 향해
인간의 사랑과 존엄을 되찾아갈 수 있기를

나는 늦은 봄 5월의 마지막 날 아침, 폴란드 남부에 위치한 아우슈비츠 비르케나우 수용소를 찾았다. 수용소의 하늘은 먹구름으로 사방이 밝지 못했다. 제2차 세계대전 당시 독일 나치가 설치한 여섯 개의 강제수용소 중에서 가장 크고 악명 높았다고 한다.

이곳에는 나치에 반대하던 폴란드인, 체코인, 유고슬로비아인 등, 유럽 여러 나라의 정치인들과 사상가, 지식인, 예술인 등 다양한 사람들이 수용되었다. 그러나 대부분은 전쟁과는 아무 상관없는 유대인들이었다. 이곳에는 당시 강제로 끌려와 수용되었던 막사와 높은 철조망과 강제 노동 현장, 곳곳에 설치된 감시 초소 그리고 생체 실험실과 독가스실, 교수대, 사체 소각장 등 처참했던 역사의 현장이 그대로 보존되어 있다.

학교 교실같이 생긴 막사에 들어가니 벽면에 흑백 사진이 빼곡히 붙어 있다. 주로 유대인 수용자들의 소지품에서 나온 사진이라고 한다. 유심히 살펴보니 한때 단란했던 가족사진, 결혼사진, 연인과 친구들과 다정하게 찍은 사진, 졸업사진, 독사진 등등 다양했다. 사진 속의 얼굴들은 밝고 행복해 보였다. 그들은 실제 이곳에 붙들리어 오기 전까지는 그랬을 것이다. 또 다른 방에는 그들이 가지고 온 물건들, 구두며 옷가지, 가방, 모자 등등이 마치 석탄 하치장 같이 쌓여 있다. 독일 병사들은 이곳에 들어오는 모든 수용자의 물건들과 소지품들을 압수했다. 그리고는 집단으로 발가벗겨 밀폐된 공간에 밀어 넣고 치클론-B라는 독가스를 주입해 대량으로 학살했다.

이것을 잠시 면한 수용자들은 강제노동을 하면서 죽음의 날을 기다려야 했다. 당시 집단 학살하는 데 사용되었던 독가스실은 연합군의 포탄에 맞아 파괴된 채로 남아 있다. 간신히 남아 있는 일부 시멘트벽은 날카로운 모양을 한 채 그대로 서 있다. 그 모양은 단말마斷末摩처럼 느껴졌다. 막사에 들어가 보았다. 마치 네모난 빈 성냥갑을 쌓아 올린 듯한 마루 침대는 좁은 공간을 사이에 두고 양쪽으로 나란히 도열 되어 있다. 한 칸에 겨우 두 명 정도 누울 공간이지만 열 명을 수용했다고 한다. 서로 포개어 잘 수밖에 없는 매우 협소한 공간이다.

수용자들은 이곳에서 굶주림과 고문, 중노동, 생체실험 등을 당하면서 날마다 수백수천 명이 죽어갔다. 이러한 절망적인 상황에서도 어떤 구원의 손길도 다가오지 않았다. 오로지 악마의 손아귀들만이 그들을 짓누르고 있었을 뿐이었다.

나치는 수많은 유대인을 죽일 때 죄책감을 느끼지 않도록 그들 나름대로 계책을 세웠다고 한다. 일단 일주일 동안 아무 음식도 주지 않고 굶긴다. 그런 다음 약간의 먹을 것을 던져준다. 그러면 그 음식을 서로 먹겠다고 아비규환이 된다. 그때 인간의 존엄성은 사라지고 동물의 생존 본능만 남는다. 이 광경을 목격하는 집행자들은, 저들을 동물이라 여기게 된다. 이렇게 해서 결국 수많은 사람들을 죽이는데 큰 죄책감을 느끼지 않았다고 한다.

이곳에 갇혀 있었던 빅터 프랭클(Viktor Frankl, 1905-1997)은 자신의 저서『죽음의 수용소』에서 그때의 상황을 이렇게 말하고 있다.
"마지막 남아 있던 피하 지방층이 사라지고 몸이 해골에 가죽과 넝마를 씌워 놓은 것처럼 되었을 때, 우리는 우리의 몸이 자기 자신을 먹어 치우기 시작했다는 것을 느낄 수 있었다. 한 사람씩, 한 사람씩 죽어 나갔다."
독일 패망으로 자유의 몸이 되었을 때 빅터 프랭크의 몸무게는 37.5킬로그램 정도였다. 그에 관한 당시 의학적 보고서에는 "부정맥 증상이 있고, 심장 근육이 손상되었을 가능성이 높으며, 굶주림으로 인한 부종이 나타나 있고, 손가락 세 개는 동상에 걸려 있다."라고 기록되어 있다. 아우슈비츠 수용소의 처참했던 상황을 적나라하게 증언하고 있는 것이다.

과연 인간은 어디까지 잔혹해질 수 있을까?

인권! 그런 것은 처음부터 없었다. 지금은 무너져 내린 독가스실, 그 건물의 잔햇더미 속에서 처참하게 죽어갔을 그들의 비명이 들려오는 듯하였다. 가슴이 먹먹해 옴을 느꼈다. 길게 늘어선 높은 철조망 안쪽에는 낮에는 중노동과 폭력이 자행되었던 곳이라고 했다. 저 멀리에 관리인인 듯한 사람이 한 명 보일 뿐 사방은 적막했다. 갑자기 소나기가 쏟아졌다. 마치 그들의 원혼을 씻겨주기라도 하는 듯.

제2차 세계대전 중, 아우슈비츠 비르케나우 수용소에서만 1942년~1944년에 걸쳐 약 110만 명이 학살되었다고 한다. 홀로코스트로 학살당한 전체 유대인의 6분의 1이다. 나치의 만행은 학살로만 끝나지 않았다. 살해된 유대인의 머리카락은 카펫을 만드는 자료로 썼고, 뼈는 갈아서 비료로 사용했다. 아우슈비츠 수용소는 참혹한 죽음, 그 자체였던 것이다.

나치가 '유대인은 박멸해야 할 기생충이다.'라고 했을 때 이성을 잃은 지지자들은 환호했다. 그 환호는 홀로코스트라는 인류 최악의 만행을 아무 거리낌 없이 저지르는 데 활용되었다.

"하나님은 그때 어디에 계셨습니까?"

나도 이 탄식이 입술에서 맴돌았다.

수용소 입구 안쪽에는 그들을 강제로 싣고 왔던 기차 차량 한 대가 그 역사를 증명하듯이 누렇게 녹슨 채로 서 있다. 나는 이 열차 앞에서 영화 『쉰들러 리스트』의 주인공 '쉰들러'의 인도주의적 행보를 떠올렸다.

오스카 쉰들러(Oskar Schindler, 1908. 4. 28.~1974. 10. 9)! 그는 체코 태생 독일인이다. 그는 전쟁으로 혼란한 때에도 군수품 제조 사업으로 부유했다. 그러나 얼마 후 독일 나치에 의해 참혹하게 학살당하는 유대인의 실상과 마주하게 된다. 그는 이 사악한 역사의 현장에서 돈을 벌고 그것으로 여유롭게 살고 있는 자신에 대해 죄책감으로 고뇌하기 시작했다. 마침내 그는 자신이 버는 돈으로 사람의 생명을 살리는 일에 투신하기로 결심한다. 그는 유력한 독일 장교를 돈으로 매수하여 유대인 수용자를 빼낸다. 한 명당 얼마를 쳐서 돈이 되는 대로 그 수만큼 자신의 공장 노동자로 빼 오는 것이다. 때로는 의심의 눈초리를 받으면서도 기회 있을 때마다 이 일을 감행한다. 그 수가 천여 명에 이른다. 세상에서 타인의 생명을 구하는 일보다 더 고귀한 일이 있을까!

전쟁이 끝난 후 그의 이런 선행이 널리 알려졌고 그로 인해 그는 전범에서 제외된다. 이상은 영화『쉰들러 리스트』의 줄거리이지만 주인공 쉰들러는 실제 역사에 있었던 인물이다.

나는 아우슈비츠 수용소를 나서면서 독일의 행동하는 신학자, 디트리히 본회퍼(Dietrich Bonhoeffer 1906~1945) 목사의 글이 생각났다. "미친 사람이 차를 몰고 거리를 질주하고 있다. 나는 성직자니까 그 차에 희생된 사람들의 장례나 치러 주고 그 가족을 위로하는 것으로 만족해야 하는가? 내가 그 자리에 있었다면 그 자동차에 뛰어올라 미친 운전자에게서 핸들을 빼앗아야 하지 않겠는가."[*]

그는 예수의 제자가 된다는 것의 엄중함을 강조하였다. 본회퍼는 제2차 세계대전 중, 고위 정보국에 근무하던 매형인 도나이(Dohnanyi)와 함께 히틀러 암살에 가담했다가 체포되어 1945년 독일 패망 직전 처형 되었다. 그의 나이 39세였다.

이제는 많은 사람들이 찾는 관광 명소가 된 아우슈비츠 수용소! 그곳의 한 건물 입구에는 "역사를 기억하지 않는 자는 그 역사를 다시 살게 마련이다"라는 글이 적혀있다. 역사는 반드시 기억하고 배

---

[*] 참고: 디트리히 본회퍼『옥중서신-저항과 복종』김순현 옮김, 복있는사람, 2016.

워야 한다는 당위성當爲性을 말하고 있다.

　요한 밥티스트 메츠는『그리스도교, 부르주아의 종교인가 민중의 종교인가』에서 "히틀러의 아우슈비츠는 하나님의 침묵이 무서운 것이 아니라, 인간의 침묵이 더 무섭고 이해 불가능하다."라고 탄식했다. 전쟁이라는 명분으로 인간의 잔혹한 행위가 아무 거리낌 없이 자행되었던 아우슈비츠 수용소!
　그 현장에서 한없이 나약했던 인간의 모습이 뇌리에서 지워지지 않았다.
　이 사악한 역사의 현장에서 인간은 어떻게 하여야 하는가.
　결코 불의에 침묵하지 않았던 두 인물, 행동하는 인도주의자 '오스카 쉰들러'와 행동하는 신학자 '디트리히 본회퍼'를 추상抽象했다.

아직도 아우슈비츠 수용소의
기관차는 남아 있다.

이러한 교회의 세속적 변천 과정을 보면서 묘한 기시감旣視感에 젖어 든다. 마치 예루살렘 성문 앞, 베데스다 연못가에 모여들고 있던 병자들의 모습과 현대 교회의 웅장하고 화려한 건물로 모여들고 있는, 기복신앙으로 굳어진 수많은 신도들의 모습과 흡사하게 비쳐지기 때문이다.

- 본문에서

나는 아직도 베데스다 연못가를 서성이고 있는가

베데스다 연못가

그 검푸른 물빛 심연에 웅크러 있는 전설

무수한 불수不隨의 육신들은 애절하게 그 물빛을 내려다본다

물결이 요동칠 때, 맨 먼저 뛰어든 자만이 치유된다

"내가 먼저",

기다리다 지친 육신들은, 두 손을 허공 젓는다

"한 번만 더, 한 번만 더"

그들의 몸부림은 검푸른 물결에 애절하다

베데스다,

그곳은 '자비의 집'이 아닌 '무자비한 집'일 뿐

그 물결은 전설일 뿐임을 그들은 모른다

그들은 연못을 향한 욕망뿐

타인의 고통은 그저 발밑의 그림자

희망은 소리 없이 절규한다

그때 낯선 음성이 들려온다

"일어나서 네 자리를 걷어 가지고 걸어가거라"

38년 동안 불수의 한 사나이가 벌떡 일어나 걷기 시작했다

그래도 무리들은 모른다

그 낯선 음성과 그 사나이의 걸음을

오늘의 베데스다 연못에도 검푸른 물결이 출렁인다

그 물결을 욕망하며 모여든다

"일어나 걸어가거라", "그 연못가에서 벗어나거라"

그 음성은 우리의 귓전에 와 있건만, 아직도 모른다

나는 아직도 베데스다 연못가를 서성이고 있는가

유럽 대부분 나라의 도시 곳곳에서는 고딕양식의 웅장한 교회(가톨릭 성당) 건물을 볼 수 있다. 내부로 들어가면 어느 교회 건물이건 관광객들로 붐빈다. 볼거리로 가득 차 있다. 마리아상과 십자가상과 최후의 만찬, 예수와 제자들의 행적 등, 성서의 이야기들을 그린 상상화想像畫가 사방에 붙어 있다. 역대 교부의 초상화와 입체적 조각상들이 기둥과 높은 벽에 붙어 있다. 천정은 예수의 승천 모습과 하늘 문을 여는 듯한 환한 조명이 아래를 비추고 있다. 16세기 종교개혁 이전까지는 글을 모르는 신도들이 대부분이었으므로 그들에게 성경을 가르치기 위해서 그림(성화)과 조각 등이 성행하게 되었다고 한다.

그 크고 웅장한 내부의 한 부분에는 위엄스럽게 보이는 강대상과 촛대가 놓여 있다. 그곳은 누구든 접근할 수 없는 엄숙한 분위기다. 거기에 앉을 수 있는 사제는 특별히 정해져 있으리라.

그 밑에는 신자들이 미사를 드릴 때 앉는 긴 의자들이 놓여 있지만 전체 내부 면적의 크기로 볼 때는 한쪽 귀퉁이에 불과할 정도로 작은 공간이다. 여기서 때마다 미사를 드리겠지만 역시 모이는 사람은 얼마 되지 않음을 알 수 있다.

교회 건물은 예배가 목적이겠지만 관광객을 위한 역사 문화의

학습장처럼 느껴졌다. 곳곳에 장식되어 있는 엄청난 조각상과 성화는 엄숙한 면도 있지만 화려하고 웅장하다. 이렇게 많은 그림과 조각상과 장식물들을 하나씩 보고 있노라면 성서의 내용들을 구체적으로 재현하려는 당시 예술가들의 상상력에 감탄하곤 한다.

기원후 3~4세기경부터 시작되어 대부분 14~16세기 르네상스 시대를 거치면서 만들어진 작품들이라고 한다. 지금은 당시보다는 상당수 줄었겠지만, 아직도 일부는 현재 진행형이다.

교회 건물 밖을 나오면서 나는 그 조각상과 성화聖畵에서 잠시 느꼈던 잔상殘像들을 떠올리며 다른 생각을 하게 된다. 영혼 구원의 문제를 선포하고 가르치는 곳, 이곳을 외형적으로 치장하고 형상화하는 데 주력하는 종교가, 그 생명력을 얼마나 더 유지할 수 있을까?

어느 교회 건물은 수 세기에 걸쳐 리모델링하고 보수하고 있다고 한다. 얼마나 많은 비용이 쓰였고 쓰여 질 것인가? 이 건물 안에 있는 엄청난 장식물들이 과연 성경의 가르침을 얼마나 내면화하고 있을까? 날마다 수많은 관광객이 입장료를 내고 들어간다. 그들은 그 안을 들여다보면서 무엇을 느꼈을까? 예술가들의 상상으로 형상화된 조각상이나 그림에서 어떤 영성을 체험했을까?

한국에는 세계에서 몇 번째 순위에 든다는 큰 교회 건물과 수천 수만 명의 교인 수를 자랑하는 교회가 즐비하다.

교회 건물을 확장하려는 저변에는, 더 많은 교인 수를 확보해야 더 큰 일을 할 수 있다는 교회관이 지배적이기 때문이다. 건물을 짓기 위해 엄청난 빚을 낸다. 교인들은 건축 비용을 대기 위해 집을 담보하여 헌금을 내기도 한다. 건축을 위하여 열심히 기도한다. 비록 일부이긴 하지만 그렇게 해서 지어진 대형 교회의 어느 목사는 훗날 대를 잇는 세습도 감행한다. 교회의 미래를 위한다는 선한 언어로 포장하고 미화하지만 교회 권력의 욕망은 세속의 그것과 다르지 않아 보인다.

또한 교회 건축을 위하여 빚을 낸 교회 중에는 그 빚을 감당할 수 없어 결국 다른 기관이나 타 교회로 넘어가기도 한다. 건축 헌금을 냈던 일부 교인들은 상처를 받고 교회를 떠나기도 한다. 이미 그 교회 분위기는 말이 아니다. 이러한 현상은 소수일 것이지만 한국 교회의 한 단면이다.

리차드 핼버슨*의 글이 생각난다. "교회는 처음 유대에서 그리스로 이동해서 철학이 되었고, 로마로 건너가서는 제도가 되었다. 그다음에 유럽으로 가서는 하나의 문화가 되었다. 마침내 미국으로

---

* Richard Halverson(1916~1995, 미국 상원의회 채플 목사)

왔을 때, 교회는 기업이 되었다."고 했다. 여기에 한국의 어느 학자가 한 마디 덧붙이고 있다. "한국의 교회는 그대로 미국의 영향을 받아 대기업이 되었다."

자극적인 말일 수도 있지만 공감할 수밖에 없는 현실이다. 이 천 년 동안, 교회의 변천 과정을 살펴보면 유럽 교회와 마찬가지로 한국 교회도 얼마나 장소와 건물에 매달려 있는지 알 수 있다. 이렇게 교회 건물과 교인 수는 엄청나게 늘어났지만, 그만큼 우리 사회가 그리스도의 복음으로 변화해 가고 있는가? 그 숫자만큼 교계의 추악한 모습이 여기저기서 드러나고 있지 않는가!

이러한 교회의 세속적 변천 과정을 보면서 묘한 기시감既視感에 젖어 든다. 마치 예루살렘 성문 앞, 베데스다 연못가에 모여들고 있던 병자들의 모습과 현대 교회의 웅장하고 화려한 건물로 모여들고 있는, 기복신앙으로 굳어진 수많은 신도들의 모습과 흡사하게 비쳐지기 때문이다.

예수님은 그 허망한 전설을 믿는 수많은 병자들의 지친 모습을 보시면서 얼마나 가여웠을까! 그러기에 긴 말씀도 필요 없이 단 세 마디만 하셨다. "네가 낫고자 하느냐?", "일어나서 네 자리를 들고 걸어가거라." 그 허상의 공간에서 벗어나야, 참 살길이 있음을 보여 준 것이다.

김형석 교수는 "기독교인은 공간신앙과 자연신앙을 버려야 한다. 공간신앙은, 교회나 성당같이 예배드리는 장소를 우상시하는 것을 말하며, 자연신앙은 성상, 성물, 성화를 우상시하는 것과 같다."라고 말한다.*

이에 대한 성서적 근거는 명확하다. 예수님과 사마리아 여인과의 대화에서 찾는다. 사마리아 여인은 "우리 조상은 이 산(그리심 산)에서 예배를 드렸는데, 선생님네 사람들은 예배드려야 할 곳이 예루살렘에 있다고 합니다." 이 말에 예수님은 이 산 또는 예루살렘 어디를 지정하지 않으시고 "예배하는 사람들은 영적으로 참되게 하나님께 예배드려야 한다."(신약성경, 요한복음 4:20~24)

결국 참 예배하는 곳은 어느 특정한 공간에 있지 않음을 명백히 일러 주신 것이다.

교회 건물을 예술 문화의 보존장保存場으로 전력全力 하는 유럽 교회의 모습과 교회 건물 확장에 전력하는 한국 교회의 모습과 흡사하게 보이는 것은, 앞에서 언급한 바와 같이 리차드 핼버슨의 교회 변천 과정과 김형석 교수의 공간신앙과 자연신앙에 대한 언급이 오

---

* 김형석『교회 밖 하나님나라』, 사단법인 두란노서원, 2019.

버랩overlap 되기 때문이다.

"제도에 길든 사람들은 길든 줄도 모르고 자기에게 익숙한 방식대로 살아간다. 기존 질서에 의문을 제기하지도 않는다. 제도가 지배하는 세계는 당연한 세계이기 때문이다."라는 김기석 목사의 글이 생각난다. 이는 허망한 전설을 굳게 믿고 38년 동안 베데스다 연못가에 누워있던 병자의 모습과 교회 조직 안에 견고히 뿌리내려 있는 전통적 제도를 생각하게 한다.

근래에 들어서 교회 건물을 확장하는 데 전력하지 않으려는 교회도 생겨나고 있다. 더구나 교회 명의로 건물을 소유하지 않겠다는 교회도 다소 나타나고 있다. 그 교회 신도들의 교회관은 어떨까? 전자와는 너무도 다른 교회관이다.

초대 교회의 모습, 에클레시아(ekklesia)를 생각한다.

나는 아직도 베데스다 연못가를 서성이고 있는가!

---

* 김기석『아슬아슬한 희망』꽃자리, 2014.

〈베데스다 연못 이야기 원문〉

그 뒤에 유대 사람의 명절이 되어서, 예수께서 예루살렘으로 올라가셨다. 예루살렘에 있는 '양(羊)의 문' 곁에, 히브리말로 베드자다라는 못이 있는데, 거기에는 주랑이 다섯 있었다. 이 주랑 안에는 많은 환자들, 곧 눈먼 사람들과 다리 저는 사람들과 중풍 병자들이 누워 있었다. [그들은 물이 움직이기를 기다리고 있었다. 주님의 천사가 때때로 못에 내려와 물을 휘저어 놓는데 물이 움직인 뒤에 맨 먼저 들어가는 사람은 무슨 병에 걸렸든지 나았기 때문이다.] 거기에는 서른여덟 해가 된 병자 한 사람이 있었다. 예수께서 누워 있는 그 사람을 보시고, 또 이미 오랜 세월을 그렇게 보내고 있는 것을 아시고는 물으셨다. "낫고 싶으냐?" 그 병자가 대답하였다. "주님, 물이 움직일 때, 나를 들어서 못에다가 넣어주는 사람이 없습니다. 내가 가는 동안에, 남들이 나보다 먼저 못에 들어갑니다." 예수께서 그에게 말씀하셨다. "일어나서 네 자리를 걷어 가지고 걸어가거라." 그 사람은 곧 나아서, 자리를 걷어 가지고 걸어갔다. 그날은 안식일이었다.

새번역, 요한복음 5:1~9, 베드자다(베데스다, 자비의 집이라는 뜻), [ ] 표시는 후대에 첨가된 본문

2부

평화로움과 분주함과 쓸쓸함이 함께 있는 삶

큰 슬픔이 거센 강물처럼 네 삶에 밀려와/마음의 평화를 산산조각 내고/가장 소중한 것들을/네 눈에서 영원히 앗아갈 때면/네 가슴에 대고 말하라/'이것 또한 지나가리라'

끝없이 힘든 일들이/네 감사의 노래를 멈추게 하고/
기도하기에도 너무 지칠 때면/이 진실의 말이/
네 가슴에서 슬픔을 사라지게 하고/힘겨운 하루의 무거운 짐을 벗어나게 하라/'이것 또한 지나가리라'

이것 또한 지나가리라

(Soon it shall also come to pass)

- 랜터 윌슨 스미스 (1856~1939, 미국, 시인)

영영 타지 않고 남고 싶은 시심 詩心
- 고영민 시 읽기 「철심」 -

 죽음은 생명 있는 모든 만물에게 필연적인 사실임은, 재론할 여지가 없는 주제이지만, 그럼에도 인간은 누구나 타인의 죽음 앞에서 숙연해진다. 때로는 낯설게 느껴지기도 한다. 그 슬픔의 한켠에 서서 나에게 다가올 그날은 언제가 될까. 자신의 삶을 진솔하게 들여다보게 된다. 그러기에 죽음은 삶을 성찰하게 하는 영적인 힘이 있는 게 분명하다.

 시인은 죽음의 공간에 서 있는 살아있는 자들의 슬픈 감정을 극대화하거나 가벼이 여기지 않는다. 그의 문장은 일기 쓰듯 죽음에 대한 감정을 꾸밈없이 그대로 드러내면서도 적막한 고독과 슬픈 여운을 오랫동안 남게 하는 묘미가 있다. 죽음을 통해서 삶을 돌아보게 하는 여운을 남긴다.
 "영영 타지 않고 남는 게 어떤 것이 있을까"라고 스스로 질문하는 시인의 모습에서 그의 시심詩心을 엿 볼 수 있다.

* * *

유골을 받으러
식구들은 수골실로 모였다

철심이 있는데
어떻게 할까요?
분쇄사가 물었다

오빠 어릴 때 경운기에서 떨어져
다리 수술했잖아, 엄마

엄마 또 운다

영영 타지 않고 남는 게 있다면
어떤 것이 있을까

분쇄사는 천천히

철심을 골라냈다

-고영민 「철심」

　이 시를 읽으면서 내 친구 "S"가 생각났다. 그는 오십 대 후반에 생을 마감했다. 그는 어렸을 때 보육원에서 자랐다고 했다. 정규 학교를 제대로 못 다녔지만, 검정고시로 중고등학교 과정을 마쳤고 대학도 졸업했다. 그는 성장하면서 모진 풍파를 겪었지만, 어그러진 길로 빠지지 않았다. 졸업 후 이런 일 저런 일을 잘 헤쳐내면서 약간의 재산도 모았고 그래서 비교적 이른 나이에 가정을 꾸릴 수 있었다. 외롭게 자랐기에 빨리 가정을 꾸리고 싶었을 것이다. 아들을 낳았고 잘 성장해서 일찍 장가도 보낼 수 있었다.

　"S"는 청소년 시절을 거쳐 청년기 들어서기까지 외롭고 힘들게 살았지만, 이제는 어느 정도 안정을 찾았고 한시름 놓은 셈이었다. 그러나 그 기간은 길게 가지 못했다. 신장암이 그의 생명을 앗아갔던 것이다.

그때 나는 그의 관을 들고 벽제 화장장에 갔다. 두 시간 정도 지난 후 화장이 끝나 유족들과 함께 수골실로 갔다. 유리창 벽 너머에서 분쇄사가 잿빛 가루 속에 묻혀 있는 젓가락 정도 크기의 시꺼먼 철심 두 개를 들어 보였다. 분쇄사는 이거 어떻게 할까요? 유족에게 묻는 몸짓이었다. 나는 그가 몇 살 때 철심 박는 수술을 받았는지 모른다. 잠시 후 철심을 뺀 잿빛 가루 유골은 흰 종이에 싸여 유골함에 담겼다.

한 줌의 재로 변한 "S". 아~ 인생!

이렇게 허망할 수 있을까! 오랜 세월이 흘렀지만 화장장에 갈 때마다 그와 그의 철심이 떠오르곤 한다.

이 시「철심」은 그때 내가 본 수골실의 장면과 동일하게 나타나 있다.

"오빠 어릴 때 경운기에서 떨어져/ 다리 수술했잖아, 엄마/
엄마 또 운다"

여기서 "엄마 또 운다"는 화장장에 오기 전까지 엄마는 사흘 밤낮으로 울었음을 뜻한다. 그러나 이 정도의 표현으로는 아들을 먼저 보내는 엄마의 심정을 담아내기에는 부족해 보인다.

왜냐하면 엄마는 자신의 생을 마칠 때까지 먼저 떠난 아들을 생각하며 날마다 울 것이기 때문이다. 이 시는 아직 남아 있는 생을 어떻게 살아야 할까? 삶을 성찰하게 하는 여운을 남긴다.

"모든 육체는 풀이요 그의 모든 아름다움은 들의 꽃과 같으니…" 인간의 허무함을 나타내는 성경 구절이 생각난다.

그렇다! 죽어 한 줌 밖에 남지 않는 육신의 재와 생전의 육신을 비교하면 그렇다. 그럴 수밖에 없다!

그렇지만 시인은 어쩌면 "영영 타지 않는 철심" 같은 시심詩心을 지니고 싶은 마음이 간절하지 않았을까?

죽음으로 인한 허무와 슬픔, 거기에만 머물러 있지 않겠다는 시인의 모습이 언 듯 엿 보였기 때문이다.

청결한 마음의 원천지
- 윤동주 시 읽기 「투르게네프의 언덕」 -

"마음이 청결한 사람은 복이 있다. 그들이 하나님을 볼 것이다." 신약성서 마태복음 5장에 기록되어 있는 여덟 가지 복중에 하나다. 청결한 마음의 소유자는 가늠할 수 없는 엄청난 복이 있을 것임을 알리고 있다. 이는 하나님을 볼 수 있는 '마음의 눈'을 의미하기 때문이다. 그렇다면 청결한 마음은 어디서부터 오는가? 윤동주의 시 「서시」에서 살펴본다.

"죽는 날까지 하늘을 우러러/한 점 부끄럼이 없기를"…, 시인은 청결한 마음을 생의 전반에 걸쳐 갈구하고 있는 모습이다. 이어서 "…모든 죽어가는 것을 사랑해야지…"에서와 같이 청결한 마음의 원천은 결국 사랑에 있음을 노래하고 있다. 청결한 마음의 소유자는 가난한 사람에 대한 연민하는 마음을 가진 사람임을 나타내고 있다.

이는 윤동주의 또 다른 시 「투르게네프의 언덕」에서 찾을 수 있다. 이 시에 등장하는 세 명의 거지 소년을 향한 시인의 연민이 솔직하게 나타나고 있는 점이 그것이다. 결국 청결한 마음의 원천지는 사랑의 마음이며 이는 가난한 자를 대하는 태도에서 구체적으로 드러나고 있는 것이다.

* * *

나는 고갯길을 넘고 있었다……

그때 세 소년 거지가 나를 지나쳤다.

첫째 아이는 잔등에 바구니를 둘러메고, 바구니 속에는 사이다 병, 간스메 통, 헌 양말짝 등 폐물이 가득하였다.

둘째 아이도 그러하였다.

셋째 아이도 그러하였다.

텁수룩한 머리털, 시커먼 얼굴에 눈물 고인 충혈 된 눈, 색 잃어 푸르스름한 입술,

너덜너덜한 남루, 찢겨진 맨발,

아 얼마나 무서운 가난이 이 어린 소년들을 삼키었느냐!

나는 측은한 마음이 움직이었다.

나는 호주머니를 뒤지었다. 두툼한 지갑, 시계, 손수건……있을 것은 죄다 있었다.

그러나 무턱대고 이것들을 내줄 용기는 없었다. 손으로 만지작만지작거릴 뿐이었다.

다정스레 이야기나 하리라 하고 "얘들아" 불러 보았다.

첫째 아이가 충혈된 눈으로 흘끔 돌아다볼 뿐이었다.

둘째 아이도 그러할 뿐이었다.

셋째 아이도 그러할 뿐이었다. 그러고는 너는 상관없다는 듯이 자기네끼리 소곤소곤 이야기하면서 고개로 넘어갔다.

언덕 위에는 아무도 없었다.

짙어가는 황혼이 밀려들 뿐-

-윤동주 「투르게네프의 언덕」

쉽게 읽히는 산문시다. 시적 화자의 두 눈동자가 세 소년 거지의 거동을 내밀하게 포착하고 있다. 그리고 그 대상을 향해 연민의 시선을 거두지 않고 뒤따라가고 있다. 이들에게 뭐라도 주고 싶은 선한 마음을 실행하지 못하고 망설이는 자신을 책망하는 모습이다. 솔직한 감정을 훤하게 드러내고 있다.

  나는 이 시를 읽으면서 까마득한 유년 시절, 나의 동네가 떠올랐다. 비록 대도시의 변두리이긴 하지만 길지 않는 다리 하나를 건너면 바로 닿는 섬에 살았다. 그래서 그런지 가난한 사람들이 더 많이 모여들었고 거리에는 거지들이 자주 보였다. 대부분 전쟁고아였을 것이다. 아니면 아무것도 할 수 없는 형편에 처한 병든 부모를 둔 소년이었을 것이다. 그 당시 시대 상황은 그랬다. 이 시의 배경은 내가 유년 시절 살았던 그 동네와 비슷하다.

    "첫째 아이는 잔등에 바구니를 둘러메고, 바구니 속에는
    사이다병, 간스메 통~", "텁수룩한 머리털, 시커먼 얼굴에
    눈물 고인 충혈 된 눈,~"

  며칠에 한 번씩 우리 집 문을 두드리면서 "밥 좀 주이소! 네!" 이렇게 소리치던 그 소년 거지의 한쪽 팔에도 간스메 통보다는 조금 더 커 보이는 빈 우유 깡통(구제품)이 걸려 있었다. 텁수룩한 머리털, 시커먼 얼굴은, 가까이 가면 역겨운 냄새가 날 것 같아서 멀찌가니 서서 보곤 했다.

나는 시적 화자의 모습을 상상하면서, 나의 유년 시절과 비교하였다. 비록 철없던 어린 시절이었지만 부끄러웠다. "투르게네프의 언덕"에도 내가 유전 시절에 살았던 그 동네와 같이 소년 거지들이 많았을까?

> "무턱대고 이것들을 내줄 용기는 없었다.
> 손으로 만지작 만지작거릴 뿐이었다."
> "다정스레 이야기나 하리라 하고 '얘들아' 불러 보았다."

시인의 용기 없는 손길, 그럼에도 "얘들아" 불러 보는 그 마음은, 연민이며 결국 사랑이다. 이는 하늘을 우러러 한 점 부끄럼이 없기를 바라는 시인의 청결한 마음과 동일한 것으로 보인다. 그 마음의 원천지는 '사랑'이므로.

기독교 신자인 시인은 성서에 기록되어 있는 대로, 이미 하나님을 볼 수 있는 복, '청결한 마음'을 지니고 있었는지 모른다.

죽은 다음에 영혼은
- 황인숙 시 읽기 「저 구름 흘러가는 곳」 -

    시인은 고아들의 고달픈 처지를 「저 구름 흘러가는 곳」에 호소하기도 하고 원망도 한다. 그러면서 한 편으로는 그 안타까움을 체념하고 있다. 그 호소와 원망이 격해 보여 토해 내는 모습으로 비친다. 죽은 다음에 영혼이 있다면 그 영혼은 어떤 역할을 할까? 시인은 없다고 세 번씩이나 단호히 말하고 있다. 매우 감정적이지만 공감되기도 한다. 그러나 정말 죽은 다음에 영혼은 없을까?

*   *   *

영혼은 없거나,
혹은 있더라도

아무 힘이 없어
그러니까 그런 거지
엄마도 죽고 아빠도 죽은
고아들이
고달프고 고독하게
살다가 죽기 일쑤인 거지
없어,
없어,
없어,
죽은 다음에 영혼은

-황인숙 「저 구름 흘러가는 곳」

    나의 청소년 시절, 우리 동네에 고아원이 있었다. 사실 당시에는 우리 동네 말고도 전국에 많이 있었다.
    시대 상황이 낳은 현실이었다. 지금은 보육원이라 부르지만 당시는 그렇게 불렀다. 그곳에는 육칠십 명의 고아들이 살고 있었다.

대여섯 살부터 십팔 세 미만이다. 초등학교 아이들이 가장 많았지만 중고등학생들도 여러 명 있었다. 나는 그들과 축구, 탁구 등을 하면서 어울려 놀곤 하였다. 어떤 때는 동네 불량배로부터 나를 보호해 주기도 하였다. 그렇게 가깝게 지냈기에 그들의 일상을 어느 정도 알고 있었다. 그들은 명랑하게 웃기도 하고 잘 어울리기도 하지만 그때뿐, 어두운 얼굴의 기색은 가시지 않았다.

어느 날, 이 고아원에 한 남자 고등학생(3학년)의 친엄마가 나타났다. 그 학생은 평소에 나와도 자주 만나 이야기도 나누는 사이였기에 그가 이곳에 들어온 사연을 조금은 알고 있는 터였다.

그는 자기가 여섯 살 때쯤 인가 이곳에 맡겨졌는데 그때 '엄마가 나중에 데리러 올 테니 잘 지내고 있으라.' 했다고 한다. 그 이후로부터 12년의 긴 세월이 흐른 후 엄마가 찾아온 것이다. 사실 그는 오지 않는 엄마를 원망하는 눈치도 보였지만 언젠가는 찾으러 올 것이라고 말하곤 하였다. 그렇게 말할 때 그는 슬픈 기색을 보이기도 하였지만 그 꿈을 잃지 않았던 것이다. 얼마 후 그 고등학생은 고아원을 나와 서울 어딘지는 모르나 엄마 집으로 갔다는 소식을 들었다.

나는 그때 생각했다. 그곳에 여전히 남아 있는 아이들은 얼마나 그를 부러워했을까! 얼마나 마음의 눈물을 흘리고 있을까! 언젠가는 나도 엄마가 나타나서 내 손을 잡고 "이제는 집으로 가자" 그런 날을 애타게 기다리고 있을까! 여전히 그곳에 남아 있는 아이들의 심정을 생각했다. 그러나 그 후 몇 해가 지나도 그런 소식은 듣지 못했다. 이곳 아이들은 다른 또래 아이가 엄마 손 잡고 걸어가는 모습을 보기만 해도 금방 얼굴에 그늘이 지는 것을 볼 수 있었다.

시인은 고아들의 일상을 애달파 하고 있다. 고아들은 애간장을 다 태우며 엄마 아빠를 기다리는데 나타나지 않는다. 이미 죽었는지 모른다. 비록 죽었더라도 '저 구름 흘러가는 곳' 그 어딘가에 엄마, 아빠의 영혼이 있다면, 그 영혼이 고아 된 자신의 아이를 그렇게 '애달프게 살도록 내버려두지 않을 것이다'라고 시인은 말하고 있다. 그러나 현실을 지켜보면서 그렇지 않음을 확인한다. 그리고 시인은 세 번이나 단언해 버린다. '죽은 다음에 영혼은 없다고', 고아의 처지를 심히 안타까워하는 시인의 마음이 여과 없이 그대로 나타나 있다.

내가 만났던 우리 동네 고아원의 고아와 고아인지 아닌지 모를 해외입양인들의 극적인 생모와의 만남을 다시 떠올린다. 그것은 먼저 죽은 부모의 영혼이 아직 살아있는 자기 자식, 그 고아 된 자식을 위하여 '저 구름 흘러가는 곳', 저 하늘 어딘가에서 무슨 일을 하고 있을 것 같은 기분이 든다. 그러나 나는 모른다.

다만, 없어! 하고 단언하지 않을 뿐!

평화로움과 분주함과 쓸쓸함이 함께 있는 삶
- 권혁웅 시 읽기「도봉근린공원」-

나는 서울에 살다가 퇴직 후 용인 동백지구로 이사 왔다. 도로도 넓고 한적하다. 산으로 둘러싸여 있어 마을 공기는 싱그럽게 느껴진다. 집 밖을 나서면 바로 산책로에 실개천이 있다. 비록 만들어진 실개천이지만 거기에 심어놓은 난초들은 봄부터 늦가을까지 무성하다. 그 샛노란 꽃잎은 산책하는 발걸음을 한결 기분 좋게 한다. 그런데 가장 마음에 드는 것은 산책로 중간쯤에 배드민턴장과 운동기구들이 설치되어 있는 자그마한 공원이다. 누구나 쉽게 사용할 수 있는 여러 종류의 운동기구들이 있다. 이곳 역시 여러 사람들이 모여 열심히 운동하는데 중년들이 많다. 나도 그 일원이 되어 한동안 매일 이곳에 가서 몸 운동을 했다. 굳어져 가는 근육을 풀기에 적합한 기구들이 다양하다. 약간의 땀을 흘릴 정도만 해도 부드러워지는 느낌이 든다.

"사람의 몸은 효율적으로 만들어져서, 사용하지 않는 기능은 퇴화하고, 사용하면 다시 활성화된다. 즉, 퇴화하는 대로 내버려두면

점점 더 못쓰게 되지만, 애써 사용하면 활성화할 수 있다."고 한다.[*]
이 말은 나의 경험상 확실하다.

  시인은 퇴화하지 않으려는 도봉산 근린공원 사람들의 몸부림을 역동적으로 묘사하고 있다. 그 풍경은 바로 우리 동네의 자그마한 공원 풍경과 동일하다. 그러나 시인은 한편으로는 그 근린공원 사람들의 몸짓에서 일상의 다른 한 면을 들여다보고 있다. 그것은 평화롭게 보이지만 분주하고 쓸쓸하기까지 한, 단면이다.

* * *

  얼굴을 선 캡과 마스크로 무장한 채
  구십도 각도로 팔을 뻗으며 다가오는 아낙들을 보면
  인생이 무장 강도 같다는 생각이 든다
  동계 적응훈련 같다는 생각이 든다
  제대한 지 몇 년인데, 지갑은 집에 두고 왔는데,
  우물쭈물하는 사이 윽박지르듯 지나쳐 간다
  철봉 옆에는 허공을 걷는 사내들과

---

[*] 와다히데키 저/김동연 역『80세의 벽』한스미디어, 2022.

앉아서 제 몸을 들어 올리는 사내들이 있다 몇 갑자
내공을 들쳐 메고 무협지 밖으로 걸어 나온 자들이다
애먼 나무둥치에 몸을 비비는 저편 부부는
겨울잠에서 깨어난 곰을 닮았다
영역표시를 해놓는 거다
신문지 위에 소주와 순대를 진설한 노인은
지금 막 주지육림에 들었다
개울물이 포석정처럼 노인을 중심으로 돈다
약수터에 놓인 빨간 플라스틱 바가지는 예쁘고
헤픈 처녀 같아서 뭇입이 지나간 참이다
나도 머뭇거리며 손잡이 쪽에 얼굴을 가져간다
제일 많이 혀를 탄 곳이다 방금 나는
웬 노파와 입을 맞췄다
맨발 지압로에는 볼일 급한 애완견이 먼저 지나갔고
음이온 산책로에는 보행기를 끄는 고목이 서 있으니
놀랍도다, 이 저녁의 평화는 왜 이리 분주한 것이며
요즈음의 태평성대는 왜 이리 쓸쓸한 것이냐

-권혁웅「도봉근린공원」[*]

---

* 열린시학 2011 겨울호.

요즈음은 동네마다 하나 정도는 근린공원이 있고 거기에는 각종 운동기구가 설치되어 있다. 동네 사람들은 저마다 시간 나는 대로 이곳에 와서 몸 운동을 즐긴다. 시인은 누구나 볼 수 있는 이 평범한 일상의 모습을 세심하게 관찰하고 생동감 있게 묘사한다.

예컨대, 운동량을 증가시키기 위하며 팔을 뻗으며 걷는 모습이 우악스럽게 보여 '무장 강도 같다'라는 이 표현은 좀 과도해 보이지만 마치 영화 속의 한 장면을 떠올리게 한다. 철봉 하는 사람, 앉아서 윗몸 일으키기 하는 사람을 무술인으로 묘사하면서 독자들로 하여금 무협지의 무사들을 연상케 하고 있다. 나무 기둥에 등 마사지 하는 부부를 곰의 영역표시 행동으로 비유하고, 술에 취해 횡설수설하는 노인을 주지육림에 들었다고 표현한다. 주인 따라 나온 애완견도 이 공원의 한 멤버임을 놓치지 않고 있다.

약수터에 놓인 바가지는 이 사람 저 사람들이 사용해서 입에 대기가 께름칙한 게 사실이다. 그래서 몇 번씩 헹구고 사용한다는 정도로 표현해도 될 것 같은데, 그것을 헤픈 처녀로 묘사했다. 화자는 곧 자신의 표현이 과도 했다는 점을 알아차린 듯 노파 쪽으로 시선을 옮긴다. 기막힌 순발력이다.

    이 공원에서 저마다 자유롭게 운동하는 모습이 평화롭게 보이지만 일면 분주하게도 보인다. 그런데 '왜 이리 쓸쓸한 것이냐'라고 반문한다. 그것은 아마 치열하게 체력을 단련하고 있는 뭇사람들의 모습이 오히려 애처롭게 보였기 때문은 아니었을까?
    이 공원의 사람들은 공통적으로 운동하는 모습은 같지만, 그 행태는 각기 다르다. 마치 우리의 일상이 같은 것 같지만 자세히 살펴보면 생활방식이 다른 것과 같은 것이다. 나도 오랜 직장 생활을 하면서 다람쥐 쳇바퀴 돌 듯, 날마다 같은 방식대로 여유 없이 살았다. 직장 생활을 마치고는 태평성대 같은 여유로운 날을 맛보기도 했다. 그러나 그 여유로움은 그리 길지 않다는 것을 알았다. 뜻밖에 신경 쓰고 골몰해야 할, 이런 일 저런 일이 생겨나기 때문이다. 그러기에 삶은 단순하지 않고 입체적인 면이 있어 때로는 이해할 수 없이 복잡하다.

    어느 누구도 그렇지 않은 삶을 사는 사람이 있을까마는, 나의 일상에도 '평화로움과 분주함과 쓸쓸함'이 함께 있다는 것을 실감하며 산다.

평화로움과 분주함과 쓸쓸함이 함께 있는 삶

유품은 여전히 슬픔과 그리움을 남기고
- 이정록 시 읽기 「붉은풍금새」 -

이 시에는 사오십여 년 전 산업화가 시작되면서 나타났던 우리 사회의 한 단면이 그려져 있다.

당시에는 많은 사람들이 직장을 얻기 위해 도시로 나갔다. 도시 생활은 고달프고 외롭지만, 시골보다는 일자리도 많고 월급도 많았기 때문이다.

시인의 누나도 가난한 가족의 생계를 돕기 위해 도시로 올라갔다. 얼마 동안 월급을 부쳐주던 누나는 무슨 연유인지 꽃다운 청춘에 생을 마쳤다. 어느 날 시인은 그 누나의 유품함을 열어 본다. 유품은 마치 '붉은풍금새' 되어 누나의 음성으로 나타난다. 가냘픈 '붉은풍금새'의 붉은 깃털이 고달팠던 누나의 모습으로 비쳤기 때문이리라. 시인은 가엽게 살다 간 누나를 그리워하며 슬픔에 잠긴다.

* * *

누나하고 부르면

내 가슴속에

붉은풍금새 한 마리

흐트러진 머리를 쓸어 올린다

풍금 뚜껑을 열자

건반이 하나도 없다

칠흑의 나무 궤짝에

나물 뜯던 부엌칼과

생솔 아궁이와 동화전자주식회사

야근부에 찍던 목도장,

그 붉은 눈알이 떠 있다

언 걸레를 비틀던

곱은 손가락이

무너진 건반으로 쌓여있다

누나하고 부르면
내 가슴속, 사방공사를 마친 겨울 산에서
붉은 새 한 마리
풍금을 이고 내려온다

-이정록, 「붉은풍금새」

    시인의 누나는 죽어서 시인의 가슴속에 슬프고 아름다운 풍금 소리를 울려주는 '붉은풍금새'로 환생한다.
    시인은 그 누나의 풍금 소리를 듣기 위해 풍금 뚜껑을 연다. 그것은 건반 없는 누나의 유품함, '칠흑의 나무 궤짝'이다. 그 안에는 누나의 '나물 뜯던 부엌칼'이 있다. 도시로 올라가기 전 어린 누나의 농촌 생활이 연상된다. '야근부에 찍던 목도장'은 마치 '붉은 눈알'처럼 보인다. 야근하느라 잠이 부족했을 누나의 충혈 된 눈동자를 연상케 한다. 매캐한 연기는 부엌에서 '생솔'로 불 지피던 누나의 손, '언

걸레를 비틀던 곱은 손가락'은 마치 '무너진 건반' 같다.

> 전쟁 같은 밤일을 마치고 난/새벽 쓰린 가슴 위로/차가운 소주를 붓는다/아/이러다간 오래 못 가지/이러다간 끝내 못 가지……
>
> —박노해 「노동의 새벽」 부분

시인의 누나는 야근부에 도장을 찍으며 '전쟁 같은 밤일을 마치고' 새벽에 귀가 했을 것이다. 이런 날이 계속되니 '이러다간 끝내 못 가지' 결국 그렇게 생을 마쳤을 것이다. 이 시 '노동의 새벽'과 '붉은 풍금새'에는 동일한 시대의 풍경이 담겨 있다.

가난한 집안의 살림을 보태기 위해 낯설고 삭막한 도시로 올라가야 했던 누나! 달마다 받는 적은 월급을 고향 집에 부치며 정작 자신은 변변한 외출복 한 벌 없어 날마다 빛바랜 반코트 하나 걸치고 공장에 다녀야 했던 누나!

시인은 누나의 유품 함을 열었을 때 가족을 위해 꽃다운 청춘을 바치고 간 누나의 애처로웠던 모습이 가슴에 파고든다.

나도 시인처럼 나의 어머니 유품 함을 열어 본다.

어머니 방에는 어머니가 쓰시던 작은 서랍장이 있다. 그 안에는 어머니의 조그마한 유품들이 들어있다. 손거울, 머리핀과 빗, 손목시계, 빛바랜 사진 몇 장, 목걸이와 반지, 보청기와 그 조그마한 배터리 4개, 보청기는 어머니의 분신과도 같았다. 이십여 년 동안 보청기를 끼신 어머니는 아침에 일어나시면 그것부터 챙기셨다.

그리고 초등생 공책 4권이 있다. 거기에는 어머니께서 직접 연필로 쓰신 찬송가 가사가 적혀있다.

"주여 나의 병든 몸을 지금 고쳐주소서. 모든 병을 고쳐주마 주 약속하셨네~" // "주 안에 있는 나에게 딴 근심 있으랴 십자가 밑에 나아가 내 짐을 풀었네~" // "죄짐 맡은 우리 구주 어찌 좋은 친군지 걱정 근심 무거운 짐 우리 주께 맡기세~"……

기력이 쇠잔해지신 어머니의 찬송은 힘은 없지만 간절한 기도가 담겨 있다. 그리고 어머니가 보시던 곡조 없는 큰 글자 찬송가와 세로로 쓰여 있는 오래된 성경책, 돋보기도 보관하고 있다. 이 물건들은 어머니가 오랫동안 가까이하며 쓰시던 소중품이다.

그 유품에는 어머니의 일상이 묻어있다. 어머니의 일상은 나의 일상과 늘 함께하였기에 잊을 수 없다. 또다시 생전의 모습이 사무치게 다가온다.

어머니는 내가 출근이나 외출할 때마다 항상 "몇 시에 오니?", "차

가지고 가니?", "늦으면 전화해라!" 말씀하셨다. 내가 직장 다니기 시작할 때부터 환갑이 넘은 나이에도 그러셨다. 항상 듣는 말이라 건성으로 들을 때도 있었다. 어느 때는 "예"라고 대답도 안 하고 그냥 나갈 때도 있었다.

어머니는 그때도 6.25 전쟁 중이다. 그 난리 통에 남편을 잃었고 부모와 동생과 헤어져야 했다. 생사를 알 수 없는 헤어짐의 고통과 피난길에서 직접 겪었던 참혹했던 잔상들이 평생 머릿속에 남아 있었던 것이다. 나는 어머니의 이 심리적 트라우마가 평생 지워지지 않고 있었다는 것을 늦은 나이에 깨달았다. 참으로 나는 지둔遲鈍했다.

한동안 나는 현관문을 나설 때마다 "몇 시에 오니?", "차 가지고 가니?", "늦으면 전화해라!" 어머니의 염려스러워하시던 음성이 들리는 듯했다. 아~ 그 음성!

시인은 누나의 유품을 보면서 누나를 부르면 누나는 자신의 음성을 들려주기 위해 '붉은풍금새' 되어 내려온다고 한다. 시인의 애처로운 마음을 알 것 같다.

이는 내 어머니의 작은 서랍장 안에 있는 유품과 동일한 느낌으로 다가온다. 어머니의 공책에 적혀있는 찬송가는 어머니의 노래가 되어 나의 귓전에 들려오는 듯, 그런 느낌을 받았기 때문이다.

　어머니 떠나신 지 십 년이 지났지만, 어머니의 조그마한 유품 몇 점은 아직도 서랍 안에 있다. 그것에는 어머니의 온기와 음성이 묻어있다. 언젠가 돌아오셔서 찾으실 것만 같아 버릴 수가 없다.

　유품은 여전히 슬픔과 그리움을 남긴다.

이미 와버린 날들을 위하여
- 고영민 시 읽기 「중년中年」 -

한국인의 기대수명은 여든셋을 넘어섰다. 실제로 이 나이를 넘어 살아가는 분들이 흔하기 때문에 조금도 과하지 않다. 오히려 그 나이를 넘지 않는 분들의 부고를 접하면 요절로 들리는 시대다. 이 시에서 거울 앞에 선 화자는 자신이 중년의 모습임을 본다.

아니 벌써! 인정하고 싶지 않다. 자신의 모습이 이미 돌아가신 아버지의 얼굴로 비쳐지기 때문이다. 더욱이 초등학교 동창회에 가서도 남자, 여자 동창들이 자신의 또래로 보이지 않고 모두 학부모같이 보인다. 어느 날 베란다에서 딤배를 피우는 자신의 모습이 생전의 아버지 모습임을 발견한다. 그래도 세월의 흐름을 인정하고 싶지 않다.

　　　　　＊　＊　＊

거울을 보는데 내 얼굴에서
아버지가 보였다

중년이라고
중얼거려보았다

어제는 초등학교 동창 모임이 있어
약속 장소에 나가보니
옛 친구는 하나도 보이지 않고
친구의 아버지, 어머니들이 고스란히 불려 나와
그 자리에 앉아 있었다

아내는 내가 아닌,
아버지를 부축했다
잠결엔 아버지가 내 아내의 몸을 더듬었다

죽은 아버지가 내 집 베란다에서

담배를 피우신다

- 고영민 「중년中年」

나는 오랜만에 고등학교 동창회에 갔다. 그들 중에서 졸업 후 처음 나온 동창생이 있었다. 얼굴은 물론 이름도 기억나지 않는다. 반갑다고 인사는 했지만 반백이 다 된 그에게 반말하기가 어색하다. 먼발치에 앉아 있는 그를 찬찬히 뜯어보아도 작은아버지뻘이다. 너, 나와 같은 해에 졸업한 거 맞아? 그렇게 혼자 중얼거렸다. 그 친구, 사돈 남 말하고 있네. 네 꼴은 어떤데! 더 심한 말이 무언중에 오고 갔다.

시적 화자도 나와 비슷한 기분을 느꼈을 것 같다. 이미 중년이 되어 있음을 모른다. 현실에 집중해서 살던 사람들은 싱싱했던 자신의 옛 모습이 그대로 있겠거니 착각하며 산다.

나도 가끔은 아침 거울 앞에서 이런 느낌을 받는다.

아침에 일어나 세수했다
거울 속에 내 얼굴이 엊저녁과 다르다
긴가민가 갸우뚱

아침밥 먹고 양치질한다
거울 속에 내 얼굴이 아까와 또 다르다
이마와 볼과 턱밑에 검버섯 한 개씩, 주름이 한 개씩

낯선 중년이 서 있다

 매일 보는 거울이지만 어느 날 거울 속에 비친 나는, 내가 아닌 나를 발견하고 화들짝 놀랄 때가 종종 있다. 그 속에는 희끗한 머리카락, 흰 눈썹, 검 반점, 턱 밑 주름살 등등 낯선 중년이 나를 주시하고 있기 때문이다.
 '초등학교 동창들이 모였는데 옛 친구는 보이지 않고 친구의 아버지, 어머니들만 모였다'에서 시적 화자는 지금 자신이 중년이라는 사실을 초등학교 동창생들에게서 발견한다. 이는 내가 어느 날 아침에 거울을 보면서 화들짝 놀랐다는 그 광경과 흡사하기에 실감

나는 표현이다. 같은 맥락에서 '자신의 집 베란다에서 담배를 피우는 화자의 모습이 중년의 나이에 돌아가신 아버지의 모습'과 같다. 어느새 중년이 되었음을 인정할 수밖에 없다.

  자신의 나이를 인정하고 싶지 않은 사람들은 다른 나라에도 있는 모양이다.
  '2018년, 네덜란드에서는 인정하고 싶지 않은 나이 때문에 벌어진 소송 사건이 있었다. 69세 남성이 자신의 나이를 20세 낮춰 달라는 소송'이었다고 한다. 물론 기각됐다지만 우리에게 '나이'가 더는 절대적인 숫자가 아니라는 걸 보여 준 상징적인 뉴스였다. 좀 과하다는 생각은 들지만 현실과 전혀 동떨어지지는 않는다.

  『아직 오지 않은 날들을 위하여』의 저자 '파스칼 브뤼크네르'는 "나이가 들었다고 꼭 그 나이는 아니다.", "인생의 계절에서 가을에 새봄을 꿈꾸고 겨울을 최대한 늦게 맞이하기를 원하는 모든 이에게 이 책을 바친다."라고 하였다. 참으로 삶을 관조觀照하는 의미 있는 문장이라고 생각한다. 이 책의 저자는 '자신의 나이를 20세 낮춰 달라고 소송을 제기했던 네덜란드 사람의 심정을 충분히 공감하는 것 같다.

나이 듦, 중년에 대한 또 다른 관점을 찾아본다.

몽테뉴는 자신의 수상록, 노령기의 상태(3권5장)에서 "나이는 날마다 나에게 냉철과 절제를 가르친다. 내 몸은 무절제한 생활을 피하고 두려워한다. 이번에는 육체가 정신을 개선하도록 지도할 차례이다."라는 글을 남겼다. 중년은 아직 노령기는 아닐지라도 그 문턱을 향에 다가가는 나이 듦의 시간이다. 이러한 의미에서 이 시「중년中年」은 몽테뉴 글의 의미를 톺아보게 한다.

중년中年을 맞이하는 화자의 씁쓸한 감정을 표현하는 것 같지만, 한편 그것을 감내하려는 또 다른 내면을 엿 볼 수 있다.

그 내면이란, '그날은 아직 오지 않은 날들 같지만 이미 와버린 날'임을 인정하는 것이다. 그렇지만 그것에 갇혀 있고 싶진 않다는 의미다. 자신은 아직도 '잠결에 아내를 더듬'을 만큼 젊음이 남아 있기 때문이다.

"이미 와버린 날들을 위하여" 살아야 하는 의지가 엿 보인다.

그만이 표현할 수 있는 애절한 신앙 고백
- 윤동주 시 읽기 「십자가」 -

나는 어렸을 적부터 주일이면 예배당에 앉아 있었다. 그때는 의자가 없는 마룻바닥이었다. 신발은 벗어서 마대자루로 만든 주머니에 넣고 그것을 들고 들어갔다. 예배당 안은 항상 내 또래 아이들이 옹기종기 앉아 있었다. 당시 예배당 종소리는 은은하면서도 또렷하게 들렸다. 땡 그 렁~, 땡 그 렁~ 종소리는 우리 동네 어디서나 들렸다. 대부분 시계가 없었던 시절, 종소리는 시계였다.

지금은 예배당 종소리는 없어졌지만 당시에는 주일이면 오전 10시, 저녁 5시, 그리고 수요일 저녁 5시에도 어김없이 각각 두 번씩 울려 퍼졌다. 그 은은한 종소리를 들으면서 친구들과 함께 예배당으로 올라가곤 했다. 그때도 십자가는 첨탑 위에 있었다. 어린 나에게 예배당의 이미지는 십자가와 종소리였다.

그런데 청년 시인 윤동주는 자신의 부족한 신앙을 첨탑 위의 십자가와 종소리에 빗대어 고백하고 있다.

* * *

쫓아오던 햇빛인데
지금 교회당 꼭대기
십자가에 걸리었습니다.

첨탑이 저렇게도 높은데
어떻게 올라갈 수 있을까요.

종소리도 들려오지 않는데
휘파람이나 불며 서성거리다가

괴로웠던 사나이
행복한 예수·그리스도에게
처럼
십자가가 허락된다면

모가지를 드리우고

꽃처럼 피어나는 피를

어두워 가는 하늘 밑에

조용히 흘리겠습니다.

-윤동주 「십자가」

    나는 몇 해 전 5월 동유럽의 여섯 나라를 여행하고 있었다. 폴란드, 오스트리아, 체코, 슬로베니아, 헝가리, 크로아티아 등이다. 고풍스러운 주택과 안온安穩한 골목길과 전원 풍경, 산맥 도로 등 나라마다 거의 비슷한 서정감이 들었다. 특히 곳곳에는 교회(성당) 건물과 성곽이 자주 눈에 띄었다. 대부분 웅장하고 화려하다.

    역시 십자가는 가마득히 높은 곳에 있다. 왜 이렇게 교회당이 많으며 성곽이 많을까? 그 안으로 들어가 보았다. 높은 천정의 그림은 흰옷 입은 천사들이 밑을 내려다보고 있다. 건물 안 벽에는 예수와 제자들의 행적을 그린 상상화와 그 이후 교부들의 초상화가 장식을 이루고 있다.

역시 십자가는 높은 곳에 세워져 있어 고개를 쳐들고 올려다봐야 한다. 그곳에는 예수의 모습으로 상징되는 동상과 벽화가 있다. 유럽은 오랫동안 기독교 문화가 형성되었기에 자연스러운 현상일 것이다.

이곳을 두루 다니면서 성곽이 많은 이유를 알게 되었다. 그리스도 이후 초기 기독교는 수백 년 동안 로마 제국의 박해를 받았으나, AD313년 콘스탄티누스 황제 때 '밀라노 칙령'으로 신앙의 자유를 얻은 이후 AD380년 황제 테오도시우스 1세 때 드디어 기독교가 로마 제국의 국교가 되었다. 그 이후 기독교는 국가권력을 좌지우지할 정도로 막강한 권력을 갖게 되었다. 중세 유럽의 교회 지도자들은, 그 교권을 장악하기 위하여 지역별로 전쟁도 불사했다. 그래서 성곽을 많이 지어야 했다는 것이다.

중세 종교개혁을 전후하여 수백 년 동안 기독교의 개신교(신교)와 가톨릭교(구교) 간의 극심한 갈등으로 얼마나 많은 사람들이 희생되었던가!

그런데 전쟁 시 이쪽 편이나 저쪽 편이나, 깃발 모양은 다르지만 모두 십자가가 그려져 있다는 사실이다. 그것은 상대편과 싸울 때, 하나님은 나의 편이라는 신앙을 근거로 그렇게 했다는 것이다. 십자가 깃발 아래에서 수많은 병사와 무고한 양민들이 죽어갔다는 역사도 알게 되었다. 이때 하나님은 어느 쪽 편이었을까?

저 높은 곳에의 십자가는 인간과는 거리가 멀다. 권력을 쟁취하기 위하여 탐욕을 신앙으로 포장한 교회 지도자들의 위선과 거짓은 그때나 오늘날이나 크게 달라지지 않은 것 같다. 지금은 비록 물리적 형태의 전쟁은 아니지만 교권을 쟁취하기 위한 교리적 갈등과 분쟁은 여전히 존재하는 것을 보면 그렇다. 건물 형태는 다르지만, 유럽의 많은 교회 건물의 화려함과 웅장함은 한국의 일부 대형 교회 건물과 별반 다르지 않다.

이는 갈릴리 호숫가의 가난한 어촌을 걸으며 그들과 함께하셨던 예수의 걸음과는 거리가 멀다. 그 건물의 외양이 그리스도의 십자가 고난과 희생과 무슨 상관이 있을까?

"누구나 다 시를 읽으면 자기만의 생각이 인다."라는 말처럼 나의 이러한 시적 감정은 시인의 감정과는 다를지 모른다. 그러함에도 「십자가」의 의미를 깊게 이해하고 그 뜻을 실천하려는 시인의 신앙 고백은, 기독교 신자라면 한 번쯤은 그 의미를 되짚어 봄 직하다.

시적 화자는 스스로 자신의 나약함을 "첨탑이 저렇게도 높은데/ 어떻게 올라갈 수 있을까요."라고 겸손히 고백하는 부분에서, 시인의 고결한 신앙관을 엿볼 수 있다.

마지막으로 시인의 결의는 비장하다. 그 결의는 십자가 신앙의 결정체로 보인다.

"모가지를 드리우고/꽃처럼 피어나는 피를
어두워 가는 하늘 밑에/조용히 흘리겠습니다."

청년 시인 윤동주!
그의 시적 언어는 그만이 표현할 수 있는 애절한 신앙 고백이다.

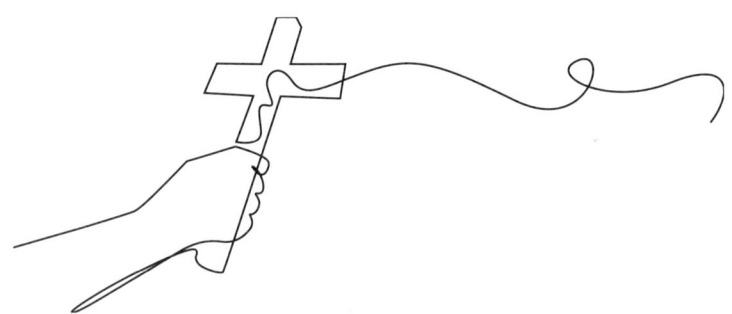

실존적 고뇌와 자아를 성찰하는 영혼의 음성
- 김남조 시 읽기 「저무는 날에」 -

    김남조의 시 세계에서 나타나고 있는 신앙 시는 고백과 참회, 감사, 사랑, 생명, 영혼 구원 등의 시어가 담겨 있다.

    그에게 있어서 실존적 고뇌는 현실을 극복하기 위한 도전이며 동시에 고통이었다. 그러기에 그의 시작詩作 활동 역시 고통을 수반할 수밖에 없었다. 그는 고통스러운 고뇌에 직면하면서도 끊임없는 자아 성찰을 통해 자신만의 기독교적 시 세계를 구현해 내고 있다. 그의 시는 전반적으로 기독교 신앙에 기반을 둔 영적인 문제를 다루고 있다.

    따라서 그의 시적 자아는 죽음의 문제와 영혼 구원의 문제를 어떻게 인식하고 있는지를 보여 주고 있다. 그 역시 '죽음은 부동不動이다'라고 말하며 죽음은 누구도 피할 수 없다는 일반론적인 견해를 가지고 있지만 '죽음'에 맞설 '절대'를 삶 속에서 찾으려 한다.

    그 절대적 가치는 '사랑'이다. 그 사랑을 실천하는 인간은 연약한 존재이며 유한성의 존재이기에 끝이 있음을 인식하고 있다.

그의 에세이 「사랑의 *定說*」에서는 사랑의 보편성을 말하고 있다. 사랑을 실천하는 일은 '거친 산야를 달려가서 심산의 순밀을 얻어와 그를 먹이는 일'과 같이 힘겨운 일이지만 고귀한 일이라고 말한다. 결국 사랑 실천은 영혼 구원으로 귀결된다.

그러기에 그는 인생의 끝 날, '저무는 날에' 내 영혼을 품어줄 절대자를 염원한다.

* * *

날이 저물어가듯
나의 사랑도 저물어 간다

사람의 영혼은
첫날부터 혼자이던 것
사랑도 혼자인 것
꿈꾸며 오래오래 불타려 해도
줄어드는 밀랍

이윽고 불빛이 지워지고

재도 하나 안 남기는

촛불 같은 것

날이 저물어가듯

삶과 사랑도 저무느니

주야 사철 보고 싶던

그 마음도

세월 따라 늠실늠실 흘러가고

사람의 사랑

끝 날엔 혼자인 것

영혼도 혼자인 것

혼자서 크신 분의 품 안에

눈감는 것

-김남조,「저무는 날에」

이 시를 세 갈래로 구분해 보면 첫째 혼자라는 말이 다섯 번이나 나오는데 이는 인간은 근원적으로 홀로 서야 하는 고독한 존재임을 강조한 것으로 보인다. 둘째는 촛불에 대한 것이다. 촛불은 자신을 태워 어두움을 밝히는 속성이 있는 점으로 가톨릭에서는 봉사, 희생, 밝음을 지향하는 상징물이다.

'혼자'와 '촛불'을 결부해서 보면 비록 혼자라 해도 어떻게 무엇을 하며 살아가야 하는지를 생각하게 한다. 세 번째는 인생의 마지막에서, 영혼의 문제는 어떻게 되는 것인가? 화자는 인생의 황혼에서 '삶도 사랑도 모두 사라질' 것이라 한다. 결국 '저무는 날'에는 내 육신도 영혼도 혼자임을 재차 강조함으로써 인간은 고독과 허무감에서 벗어날 수 없는 존재임을 인식한다.

그럼에도 불구하고 시적 화자는 삶의 끝 날을 두려워하지 않는다. 오히려 평온한 마음으로 그날을 기다리고 있다. '혼자서 크신 분의 품 안에/눈감는 것' 자신의 영혼을 품어줄 절대자가 있음을 믿기 때문이다. 역시 기독교의 종말론적 신앙관에서 나오는 고백적 시구이다. 이는 다음의 성구와 맥을 같이하는 것으로 보인다.

"우리가 들어 있는 지상의 장막집이 무너지면 우리는 하늘에 있는 영원한 집에 들게 된다는 것을 알고 있습니다. 그것은 사람의 손으로 지은 것이 아니라 하느님께서 세워 주시는 집입니다. 지금 육신의 장막을 쓰고 사는 우리는 옷을 입듯이 하늘에 있는 우리의 집을 덧입기를 갈망하면서 신음하고 있습니다."(가톨릭용 공동 번역, 신약성서, Ⅱ고린토 5:1~20)

인생(육신)의 끝날, 하느님께서 우리를 위해 예비하신 영원한 집이 있음을 믿는 신앙이다. 즉 「저무는 날」에는 성서의 '새 하늘과 새 땅'(신약성서 요한계시록 21:1~4)을 바라보는 신앙관이 내재되어 있다.

또한 이 시는 구약성서 시편 기자의 인생관과 닮아 있음을 감지할 수 있다.

"인생은 그 사는 날이 풀과 같고 그 영화가 들의 꽃과 같다/바람이 불면 그 꽃은 떨어져 다시 볼 수 없으나/여호와의 사랑은 자기를 두려워하는 자에게 영원부터 영원까지 이르고…."
(현대인의 성경, 구약성서 시편 103:15~18)

이와 같이 인생은 유한하지만 하나님의 사랑은 영원하기에 그를 믿는 나는 더 이상 두려움에 묻혀 있을 수 없음을 노래하고 있다. 위의 시와 유사한 내용이 그의 에세이 「영혼에 울려올 노크 소리를」에서도 나타나 있다.

> 오늘의 삶의 끝 순서에 이르러 문을 열어 둔다. 나의 영혼이 외출에서 돌아오면 우리는 다시금 의논하리라. 육체와 영혼이 서로 만나 어린 형제들처럼 살결을 비비게 될 때 무언가 방도가 생겨나리라. 비록 아무런 지혜가 솟지 못하더라도 이 시각에 커다란 왕진 가방을 드신 신의 회진이 시작됨을 알고 있다. 바로 이 점이 오늘날 내 믿음의 마지막 기점이다.[*]

이와 같이 언젠가는 삶의 마지막 시간이 올 것이기에 항상 그날을 준비하는 삶을 살 것을 다짐하고 있다. 그 후의 일은 커다란 왕진 가방을 드신 절대자, 그분의 손안에 있음을 믿는 신앙관을 나타내고 있다.

결국 「저무는 날에」, 인생의 끝 날, 그날에는 누구나 외로울 것이지만 시인은 그날에 자신을 품어주실 크신 분(절대자)이 계시기에 더 이상 외롭지 않다. 절대자이신 하나님께 의지할 때만 내 영혼의 안식을 누릴 수 있음을 고백하고 있다.

---

[*] 김남조, 「영혼에 울려올 노크 소리를」, 『사랑 후에 남은 사랑』, 미래지성, 1999.

그의 시적 언어는 평범한 일상의 언어로서 친근감을 안겨 주면서도 영적인 여운을 남겨 준다.
 이는 그의 시가, 고독의 심연에서 흘러나오는 자신의 실존적 고뇌와 자아를 성찰하는 영혼의 음성이 담겨 있기 때문일 것이다.

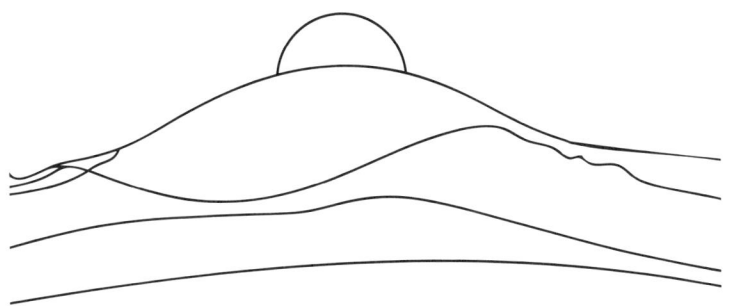

부디 당신의 양심을 집단이나 조직의 가치관 혹은 이상과 맞바꾸지 마십시오. 대단한 직함을 가지고 잘난 척하며 대중을 선동하는 사람이 제아무리 멋진 단어를 사용하여 감동적인 연설을 한다 해도 말입니다.

그런 것과 당신의 양심을 맞바꾸면 즉시 전체주의로 향하는 길이 간단히 열리며, 그 끝에는 피투성이 전쟁이 기다리고 있기 때문입니다.

- 헤르만 헤세 〈1951년의 편지〉

복잡한 진실보다는 쉬운 환상에 몸을 맡긴다
- 귀스타브 르 봉의 『군중심리』 읽기 -

현대 사회는 군중의 시대라고 말할 수 있다. 이제 우리 사회에서 흔히 나타나는 현상이 되었기 때문이다. 군중은 많은 사람들이 일정한 장소에 모이는 것만 의미하지 않는다. 소셜 미디어라는 온라인 공간에 모여드는 것도 군중이라고 볼 수 있다. 이 새로운 공간에 모여 저마다 한마디씩 외치는 온라인 공간도, 일정한 장소 즉 오프라인 공간에서의 군중만큼 그 위력을 나타내곤 한다. 이러한 군중은 둘 다 동시에 발효되기도 한다. 온라인이든 오프라인이든 서로의 공통 관심사에 따라 모였다 흩어지는 군중의 형태는 이제 우리 사회에서 일반화되었다.

그런데 이 현상은 우리 사회의 변화와 개인의 삶에 중대한 영향을 미친다. 단체나 개인에 따라 크거나 작거나 차이는 있겠지만 영향을 받는 것은 사실이다. 그러므로 현대 사회에서 군중의 심리를

---

* 귀스타브 르 봉Gustave Le Bon 1841.5.7 ~ 1931.12.13. / 프랑스 출생, 의사, 사회심리학자, / 저서 『군중심리학』 『사회주의 심리학』 『프랑스 혁명과 혁명의 심리학』 등

이해한다는 것은 우리의 삶에서 중요한 부분이라 할 수 있다.

 이 책은 군중 및 군중심리의 현상과 본질을 섬세하게 이해하는 데 도움이 된다.

 이 책의 내용을 산문시 형식으로 요약해 보았다.

       *   *   *

 군중은 폭풍 만난 바다
 한 번 일렁이기 시작하면 멈출 수 없는 파도가 된다
 그 깊이는 얕지만, 표면은 거칠다
 군중 속 개인은 물방울에 불과하다
 한 방울은 무게가 없고
 모두 함께일 때만 무시무시한 폭풍이 된다

 군중의 정서는 전염된다
 이성보다 감정에 의해 움직인다
 강렬한 상징과 단순한 외침에 열광하며

순식간에 분노와 증오로 변한다

군중의 감정은 항상 극단으로 흐르고,

작은 자극에도 크게 흔들린다

절제라는 단어는 그들의 어휘에 존재하지 않는다

그들의 물결은 논리가 아닌 열정에 휘둘리고

사고하지 않고 느낀다

그곳에선 죄책감도, 두려움도 거대한 소음 속에 묻힌다

그들은 가장 단순한 말에 매혹되고

자신이 원하는 것만 진실로 믿는다

복잡한 진실보다는 쉬운 환상에 몸을 맡긴다

군중 속에서 개인은 책임을 잃는다

그들의 본질은 폭발적이고, 그 결과는 예측할 수 없다

하지만 군중은 창조자이자 파괴자다

그리고 우리는 남는다

그들이 남긴 흔적 위에서

그들이 부순 것을 다시 세우며.

1895년에 출간된 이 책은 1789년 프랑스 혁명에서 1871년 파리 코뮌까지 83년 동안 프랑스에서 있었던 혁명과 전쟁, 쿠데타, 왕정복고 등 다양한 역사적 사건들을 기록하고 있다. 이 책은 그 사건들에서 나타났던 군중의 모습을 여러 각도에서 심도 있게 진단하고 있다.

정치적, 경제적, 문화적, 종교적 등 여러 측면에서 군중심리는 어떻게 작동되고 있으며 그 결과는 어떻게 되었는지 역사적 사실을 예시하며 기술하고 있다.

1세기 전의 시대 상황과 오늘날 이 시대의 상황과 비교할 때 그 변화는, 그동안 인류 사회가 지나온 수 천 년의 역사를 다 합쳐도 비교할 수 없을 정도로 엄청나게 변화했다. 이러한 변화를 가져다준 과학의 발달은 인간의 의식 구조를 근본적으로 바꾸어 놓았다. 이렇게 1세기 전에는 과히 상상도 할 수 없었던 변화가 일어났지만, 그 당시의 군중심리는 지금의 군중심리와 별반 차이가 없음을 알게 되었다.

이 책은 군중심리의 정체를 객관적으로 들여다보고 인식하기에 충분하다. 예를 들면, "연설가는 군중의 마음을 사로잡기 위해 과격하고 극단적인 확언을 거침없이 늘어놓아야 하며, 이성적 사고에 의해 논증하려는 시도는 일절 하지 말아야 한다. 추악한 자본이나 비열한 착취자, 존경스러운 노동자, 부의 사회 환원 같은 문구는 여전히 그 효과를 발휘한다."라고 언급한 부분도, 군중심리를 예리하게 들여다본 것이다.

프랑스 대혁명 이후 서구 유럽에서 확산되었던 군중의 집단행동은 이후 세계적으로 확산되었다. 러시아 스탈린의 공산주의 혁명, 제2차 세계대전 당시 히틀러의 친위대 유겐트(청소년), 중국의 문화대혁명 당시 홍위병(중고생과 대학생), 캄보디아 크메르 루주군의 공산주의 혁명 등, 이 모든 비극적 사건의 중심에는 실권을 잡은 혹은 실권을 잡으려는 권력자들이 있었으며, 이들은 자신들의 목적을 위해 군중심리의 취약성을 이용한 것이었다.

'과거 청산'이라는 선전 선동은 이때 널리 이용되는 구호이다. 결국 헤아릴 수 없을 정도로 무고한 많은 사람들이 희생되었던 것이다. 우리나라도 예외일 수 없다. 일제 해방기 이후 6·25전쟁을 겪으면서 수많은 사람들이 희생되었고 재산이 파괴되었다. 이후부터 지금까지 정치적 이념과 사상, 사회 운동과 관련한 계층 간의 갈등과 분열이 집단화(군중) 하면서 계속 진행되고 있다. 결과는 군중의 힘에 의하여 결정하고 그 힘이 지배하는 사회가 되었다.

이러한 군중심리의 힘은 감정적이고, 비이성적인 문구들에서 나왔지만 그것은 항상 정의로운 언어로 포장되어 강하게 호응을 얻는다. 훗날 얼마의 세월이 흐른 후에야 소수의 사람들은 그 잘못을 깨닫기도 하지만 별로 책임지는 일은 없다.

프랑스 혁명 당시 한 가지 예를 든다.

> 당시 프랑스는 몇십 년 전부터 만성적인 적자로 국민들의 경제 사정이 어려웠다. 프랑스 국민(군중)들은 그 원인을 왕비 마리 앙투아네트(국왕 루이 16세의 부인)의 사치스러운 생활 때문이라고 소문을 퍼뜨렸다. 그즈음 누군가가 "빵이 없으면 케이크를 먹으라"라고 앙투아네트가 말했다고 하면서 군중들의 분노를 부채질했다. 얼마 후 이 말이 촉매가 되었는지, 성난 군중은 객관적 사실을 따져 보지도 않고 그녀를 반역과 국고를 낭비했다는 죄목을 씌워 사형을 선고하고 단두대에서 처형했다.
> 당시 프랑스는 거듭되는 자연재해로 농산물 수확량이 줄어들었고, 한편으로는 영국과 독립 전쟁을 벌이고 있는 미국을 돕

느라고 막대한 재정 지출이 있었다. 군중들은 이러한 이유를 모를 리 있겠는가. 그 유명한 "빵이 없으면 케이크를 먹으라."라는 말은 장 자크 루소의 고백록의 한 구절에서 유래된 말이라고 알려졌다.

르 봉은 "프랑스 혁명의 국민공회 의원들은 개별적으로 보았을 때는 평화로운 관습을 지닌 계몽된 시민들이었다. 그러나 군중이 되자 몇몇 선동가의 영향을 받아 가장 결백한 사람들까지 단두대로 처형하는 것을 망설이지 않았다."라고 이 책에 쓰고 있다.[*]

참으로 군중심리는 취약하다.

이러한 군중의 심리와 감정과 행동을 잘 알고 있는 권력층 지배자들은, 자신들의 목적을 이루기 위해 교묘하게 군중들을 이용한다. 군중늘은 그들이 권력을 쟁취하는데 희생 도구가 될 뿐이었다. 가끔은 군중의 극소수에서 권력을 공유하는 자도 있었지만 얼마 못 가서 또 다른 희생자가 되어 사라진다.

그렇다면 군중은 언제까지 이러한 악순환을 반복할 수밖에 없는 것일까? 아무리 지적 훈련을 받은 지식인이라도 일단 군중이라는 집단정신에 사로잡히게 되면, 지적 재능은 약해지고 개성도 약해진

---

[*] 귀스타브 르 봉 저/민문홍 역『군중심리학』, 책세상, 2019.

다. 이질성은 동질성에 압도당하고 무의식적 성질들이 우위를 차지하게 된다. 이때 개인은 군중이 되고 점차 감정적으로 변하며 제어할 수 없는 집단화 현상을 이루게 된다. 자정 능력은 거의 불가능해진다.

이 책에서 "여론을 주도 했던 언론도 정부와 마찬가지로 군중의 힘 앞에 무릎을 꿇어야만 했다. 물론 언론은 여전히 무시할 수 없을 만큼 엄청난 힘을 가지고 있지만, 그것은 오직 언론만이 군중의 여론과 그것의 끝없는 변화를 반영하기 때문이다"라고 언급한 바와 같이, 군중의 행동은 감정적이고 비이성적인 문구로 조성된 여론에 의해 움직여지며, 그 방향은 미래 지향적인 결과를 얻지 못한다고 지적한다.

오늘날의 한국 사회에서도 이러한 문구가 여전히 유통되고 있다. 그것은 역사적 사실이다. 이 책을 읽으면서 그동안 한국 사회의 현상들과 그 속에 존재하는 군중심리를 관찰하여 본다면, 르 봉의 말을 인정할 수밖에 없을 것이다.

이렇게 수 세기 동안 벌어졌던 군중의 우매한 행동은, 전쟁과 죽음, 분쟁과 파괴, 분노와 증오 등 인류에게 수많은 고통을 안겨 주었음에도 불구하고 인류의 문명은 계속 획기적으로 발달하고 있다.

이상한 일이다. 그러나 이것은 외형적인 발달일 뿐이다.

그러면 내형적인 면에서 인류는 어떻게 변했을까? 인간의 내면적인 문제, 즉 인간만이 품고 있는 고귀한 품성, 철학적 사유, 개인이든 국가든 서로 협력하며 인간답게 사는 문화 풍토도 발달하였을까? 아니다. 많은 사회심리학자의 연구 발표에 의하지 않더라도 외형적 문명의 발달은, 오히려 인간의 품성을 더 각박하게 만들었고, 비인간화되는 분위기를 만들어내고 있다.

이 같은 현실은 지나온 세대를 돌아보면 누구나 공감할 것이다. 결국 이 책은 감정적이고, 비이성적인 군중에서 벗어나고자 한다면 '군중심리'를 알아야 하고, 지적인 훈련만큼이나 심리적인 훈련이 필요하다는 것을 암시하고 있다.

그렇지만 르 봉은 인간의 이성이 이런 군중심리를 변화시킬 수는 없다고 보았다. 다시 말해 인간의 이성은 군중심리의 위력에 압도되는 나약한 존재임을 부정할 수 없다는 것이다. 르 봉은 인간의 감정과 이성의 싸움은 지속될 것이지만, 항상 군중심리는 이성을 앞지를 것이라고 본 것이다. 이것은 르 봉이 살았던 그 시대 상황이 얼마나 혼돈의 시대였나를 반증하는 것이기도 하다.

현세대의 개인은 어느 때보다도 개성이 강한 특성이 있다. 그러기에 개인플레이가 보편화되면서 단합하지 못한다는 측면도 있다. 그렇지만 일단, 집단의 이익이나 자신이 선호하는 정치, 사상적 이념의 문제가 이슈화되면, 르 봉의 시대와 같은 군중심리가 작동된다.

저자가 129년 전에 군중의 심리와 행동을 관찰하고 심층 분석한 결과는, "군중은 '어리석고, 우매하고, 감정적'이기 때문에 쉽게 부화뇌동하는 집단이다."라고 언급한 부분은 전적으로 공감한다. 지금은 르 봉이 살았던 그 시대와는 비교할 수 없을 정도로 스피디해졌고 사람들의 의식 구조도 판이하게 달라졌음에도 불구하고, 군중심리는 별로 달라진 게 없어 보이기 때문이다.

인간의 모든 관념과 환경이, 지난 1세기 동안에 급속도로 변했음에도 군중심리는 왜? 그때나 지금이나 별반 변하지 않았을까? 매우 궁금하다.

드 봉의『군중심리』는 지도자의 암시와 선동에 휘둘리는 어리석은 군중의 심리적 모습을 다각도로 조명하고 관찰해서 얻어낸 매우 정교한 저술임에 틀림없다.

1세기 이전에 쓰인 책이지만, 현대 대중사회를 살아가는 우리의 모습을 이해하는 데, 필요한 학문적 이론과 실제적인 지식을 제공해 주기에 충분하다.

"인간은 한 사람 한 사람 떼어 보면 모두 영리하고 분별이 있지만, 집단을 이루면 모두가 바보가 되고 만다." 프리드리히 실러의 말이다.

<에필로그>
오마지 않은 글머리를 기다리며

나는 오늘도 PC 자판기 앞에 앉아
오마지 않은 글머리를 기다립니다
멍하니 하얀 벽만 쳐다보다가
맥없이 인터넷 엣지를 누룹니다
이메일 함을 엽니다

기다리는 글은 보이지 않고 온통 불청객들이 들어와
이 방 저 방에 잔뜩 누워있습니다
벌써 일주일이 지났는데도 나가지 않고,
보름도 지났는데 아직 나를 기다리는 모양입니다
내가 언제 당신들을 불렀소! 청소해야겠다
손가락 두 개로 나가라고 손짓하니,
다음날 또 오겠다는 여운을 남기고 냉큼 사라집니다

또다시 하얀 벽만 남습니다

나는 고개를 오른쪽으로 돌려 책장의 책들을 엽니다
이책 저책, 온통 이미 온 글 자국이 눈에 띕니다
여기 벌써 와 있는데 잊고 있었군!
그때 흘린 연필 자국이 순간 나를 흥분 시킵니다
그러나 그 자국은 곧 구닥다리 된 연인의 얼굴같이 됩니다

이미 오래전에 와 있는 글은 놔두고
다시 PC 자판에 손을 얹습니다
그런데 이쪽과 다음 쪽 문장들이
얽히고설켜 나아갈 수 없습니다
복잡해진 머리가 손가락을 멈추게 합니다

나는 또 오마지 않은 글머리를 기다립니다
뽀얀 먼지를 일으키며 힘차게 달려 올 백마 같은
글머리를 기다리며 턱을 고입니다

저에게 있어서 글 쓰는 일은 기다림입니다. 6년 전, 졸품 이후 이제야 그 기다림을 멈추었습니다.

그동안 수도 없이 고치고 또 고쳤음에도 가리산지리산 엉성하기 이를 데 없습니다. 능력의 한계를 실감합니다. 이 책의 독자분들께 미안한 마음 가시지 않습니다. 그럼에도 이 책을 내놓는 이유는 더 기다릴 기운이 없어서입니다.

"문학은 삶이 과연 살 만한 가치가 있는가를 따져 묻는 작업이다."(장석주 『글쓰기는 스타일이다』)라고 하였습니다.

예, 저도 공감합니다. 글쓰기는 삶을 디자인하는 데 효과적인 방법이라고 생각하기 때문입니다. 그러기에 용기 내어 이 책을 내어놓습니다.

글 쓰고 책을 내는 일은, 힘든 일이지만 또 한편으로는 기쁨과 보람을 얻습니다. 끝.

용인 동백에서 김종식

다시, 삶의 길목에 서서

초판 1쇄 인쇄 2025년 8월 1일
초판 1쇄 발행 2025년 8월 22일

지은이　김창식
펴낸이　김지홍
디자인　최이서

펴낸곳　도서출판 북트리
주소　서울시 금천구 서부샛길 606 30층
등록　2016년 10월 24일 제2016-000071호
전화　0505-300-3158
팩스　0303-3445-3158
이메일　booktree11@naver.com
홈페이지　www.booktree11.co.kr

정가　15,000원
ISBN　979-11-6467-189-2 (03810)

• 이 책은 저작권에 등록된 도서로 저작권법에 따라 무단전재 및 복제와 인용을 금지합니다.
• 이 책 내용의 전부 및 일부를 이용하려면 저작권자와 도서출판 북트리의 서면동의를 받아야 합니다.
• 잘못된 책은 구입하신 서점에서 바꾸어 드립니다.